Las cadenas de Sultana

Las cadenas de Sultana

Jean Sasson

Traducción de
Pedro Fontana

PLAZA & JANÉS EDITORES, S.A.

Título original: *Princess Sultana My Struggles and My Victories*

Primera edición: enero, 1999

© 1998, The Sasson Corporation
  Publicado por acuerdo con la autora, representada por
  Rembar & Curtis, Nueva York
© de la traducción, Luis Murillo Fort
© 1999, Plaza & Janés Editores, S. A.
  Travessera de Gràcia, 47-49. 08021 Barcelona

Printed in Spain – Impreso en España

ISBN: 84-01-32747-4
Depósito legal: B. 47.262 - 1998

Fotocomposición: Comptex & Ass., S. L.

Impreso en A&M Gràfic, s. l.
Ctra. N-152, km. 14,9
Pol. Ind. «La Florida» - Recinto Arpesa, nave 28
08130 Santa Perpètua de Mogoda (Barcelona)

L 3 2 7 4 7 4

To Kayleigh

NOTA DE LA AUTORA

El 7 de septiembre de 1978 hice un viaje a Arabia Saudí con la idea de trabajar unos años en ese país, pero finalmente me quedé en Riad, la capital del reino, hasta 1991.

En 1983 conocí a Sultana al-Saud, una princesa de la familia real. Esta encantadora mujer ejerció sobre mí una fascinación que todavía hoy no se ha extinguido.

Desde hacía cuatro años yo trabajaba en el Centro de Investigación y Hospital de Especialidades Rey Faisal; durante ese período había conocido a varios miembros de la extensa familia real saudí descubriendo que, en conjunto, eran gente mal criada y egocéntrica que desconocían todo lo que no fuera la monarquía y su boato.

Sultana, sin embargo, estaba en el polo opuesto a ellos.

Sultana era joven y hermosa. Su pelo oscuro rozaba sus hombros y sus ojos chispeaban de curiosidad. Sus labios se abrían a menudo en una risa espontánea. Vestida lujosamente y adornada con llamativas alhajas, captaba siempre la atención de cuantos la rodeaban.

Aparte de su belleza y encanto evidentes, yo creí que sería como las otras princesas a las que había conocido, pero me sorprendió y agradó que Sultana fuese una mujer independiente con muchas ganas de cambiar la vida de las mujeres saudíes. Aunque había gozado de los privilegios propios de la opulenta familia gobernante saudí, Sultana no hacía ningún esfuerzo para disimular que, en lo relativo a las mujeres, ella se rebelaba contra las tradiciones y costumbres de su país.

A medida que nuestra amistad iba desarrollándose, pude llegar a conocer a una mujer de gran carácter y extraordinaria fuerza de voluntad. Aunque la pasión enturbia con frecuencia sus opiniones y su conducta, creando situaciones inesperadas entre adultos, es fácil pasar por alto esa conducta pues Sultana es desinteresada, humanitaria y sensible en lo tocante a las demás mujeres. Cuando alguna injusticia cometida contra otra mujer llega a sus oídos, pasa rápidamente a la acción, al margen de que eso pueda significar un peligro para ella.

Cuando Sultana me confió que había planeado muchas veces hacer que el mundo conociera las trágicas historias de las mujeres saudíes pero que nunca había podido llevarlo a cabo debido al peligro que habría entrañado para su familia y ella misma, accedí a convertir su deseo en realidad. Juntas haríamos que el mundo tuviese conocimiento de unas historias tan espeluznantes como increíblemente ciertas.

Así, protegiendo su anonimato, me convertí en la voz de la princesa.

En el libro *Sultana* el mundo conoció la historia de la princesa como hija no deseada de un hombre cruel en una sociedad implacable que da escaso valor a las mujeres. Sara, la hermana más querida de Sultana, debía casarse contra su voluntad con un hombre mucho mayor a quien no conocía ni amaba. Desde el día de su boda, Sara estuvo sometida a los terribles acosos sexuales de su marido. Sólo después de intentar suicidarse, el padre de Sara le permitió divorciarse y volver a casa.

Las propias experiencias desdichadas de Sultana niña acabaron convirtiéndola en una adolescente indócil. Pero aprendió, de la manera más horrible, que rebelarse contra el sistema sólo podía conducir a la catástrofe cuando una de sus amigas fue ejecutada por su propio padre por un «delito» de adulterio.

A los dieciséis años, Sultana recibió la noticia de que su padre había arreglado su boda con un primo suyo, Kareem. Éste no fue el habitual compromiso contraído en Arabia Saudí, ya que el novio solicitó conocer a su futura esposa, petición que le fue concedida. Desde su primer encuentro, Kareem y Sultana se sintieron intensamente atraídos el uno por el otro. No tardaron en enamorarse, y su unión se caracterizó por un amor mutuo, a diferencia de tantos y tantos matrimonios saudíes.

Los primeros años de matrimonio le aportaron la tranquilidad que ella siempre había deseado. Primero tuvieron un varón, Abdullah, y luego dos niñas, Maha y Amani.

Sultana y su familia permanecieron en Riad durante la guerra del Golfo de 1991. La princesa lamentó profundamente que esta guerra, lejos de mejorar el estatus de la mujer saudí como ella había esperado, complicó aún más su existencia. Sultana se lamentaba de que cuando terminó la guerra «los velos eran más tupidos, los tobillos volvieron a cubrirse, las cadenas a apretar como antes».

En *Las hijas de Sultana* la princesa y yo explicábamos al mundo que su familia inmediata había sabido que ella era la princesa protagonista de un libro que se vendió muy bien.

También supieron los lectores que, pese a los constantes afanes de Sultana contra el *statu quo* de su país, sus dos hijas no pudieron escapar a la presión de los prejuicios feudales contra las mujeres.

Cada una de sus hijas reaccionó de manera distinta a su herencia saudí. La hija mayor, Maha, odiaba la vida de la mujer en su país y, siguiendo el camino de su madre, se rebeló contra las injusticias que Arabia Saudí infligía a las mujeres. Tan afectada resultó su mente que Maha hubo de recibir tratamiento psiquiátrico en Londres antes de reanudar su vida en su país.

Amani, la hija pequeña, reaccionó de un modo que aún preocupó más a su madre. Abrazó la fe islámica con un inquietante grado de fanatismo. Mientras Sultana luchaba *contra* el velo, Amani luchaba *por* el velo.

En este tercer libro, Sultana me ha pedido una vez más que sea su voz. Aunque sigue exponiéndose mucho al hacer que el mundo conozca que los abusos cometidos contra las mujeres saudíes son a la vez alarmantes y rutinarios, Sultana ha descubierto una nueva manera de ayudar a las mujeres de todo el mundo, y persevera en su gallarda cruzada por la reforma.

Aunque los lectores no tardarán en saber que Sultana no es en absoluto perfecta, y que sus imperfecciones son más que humanas, nadie puede dudar de su sinceridad cuando está en juego la lucha por los derechos de la mujer.

Como escritora, y como amiga de Sultana, es para mí un orgullo contar la historia de tan extraordinaria princesa.

JEAN SASSON

MI SUEÑO

Meses atrás, mientras dormía, mi madre se me apareció en sueños. Iba envuelta en una recamada capa roja; sus largos cabellos negros lucían hilos de oro. Su cara resplandecía sin la menor arruga, y sus luminosos ojos eran sabios y sagaces.

Su aspecto, al pie de un árbol verde junto a un manantial del agua más azul, me dejó pasmada. Alrededor crecían flores en abundancia.

En el sueño, mi corazón latía alocadamente mientras yo gritaba «¡Madre!». Corría hacia ella con los brazos extendidos, pero había una barrera invisible que la mantenía atormentadoramente fuera de mi alcance.

Mi madre miraba a la más pequeña de sus hijas terrenales con una mezcla de amor y triste resignación. Y luego se ponía a hablar. Aunque su voz era vibrante y dulce, su revelación fue severa.

—Sultana —decía—, me veo frustrada en mi viaje por tus penas, tus descontentos, tus decepciones y tus desgracias. —Ahora me estudiaba con detenimiento—. Hija, cuando eras una niña caprichosa yo tenía que hacerte entrar en razón metiéndote el miedo en el cuerpo. Veo que mi presencia sigue siendo necesaria, Sultana.

Saber que mi madre se había preocupado por mí, incluso después de entrar en el paraíso, me hizo llorar. Yo nací princesa en un rico reinado donde las mujeres son perseguidas, y no podía discutirle que mi vida hasta ahora ha sido poco convencional.

—Madre —exclamaba yo—, ¡un gran viento ha impulsado siempre mi vida! ¿Cómo podría haber vivido de otra manera?

Ella meneaba lentamente la cabeza.

—Incluso en mitad de una cruenta batalla, Sultana, el buen corazón pelea limpio. —Yo me encogía de vergüenza—. Pero no es de eso de lo que estoy hablando.

—¿Entonces?

—Sultana, tu vida es como la de un mago inconsciente que va sacando pañuelos y más pañuelos. Se diría que lo tienes todo en la vida; sin embargo, no tienes nada. No eres feliz viviendo como vives, hija mía.

Pendiente de contar con el consuelo de mi madre como en años pasados, el significado de sus palabras se me escapó. Entonces los frágiles pétalos que la rodeaban empezaban a doblarse al tiempo que se desvanecía también el semblante de mi madre.

—¡Madre! —gritaba yo—. ¡Espera! ¡No te vayas, por favor!

Su forma incandescente apenas era ya visible, pese a lo cual yo podía oírla decir:

—Sultana, en medio del banquete tú tienes hambre. Procura convertirte en algo mejor que tú misma, hija mía.

Salí de ese sueño con verdadera alegría, pero el recuerdo del misterioso mensaje de mi madre no ha dejado de acosarme. Tuve que admitir que las palabras de mi madre eran ciertas. Yo había dejado que mi vida se estancara. Hace años, me embarqué en una lucha noble y estimulante para mejorar la vida de las mujeres de mi país. Pero al verme impotente contra el poder inexpugnable de los hombres saudíes, sucumbí al desánimo. Sin embargo, mientras las mujeres de este país deban casarse contra su voluntad, mientras sean sometidas a violaciones y agresiones físicas al amparo de la ley e incluso legalmente asesinadas al antojo de sus padres, maridos y hermanos, ¿cómo podría dejar de luchar?

A raíz de la visita de mi madre, mi ardor se vio renovado por la conciencia de que aún tenía un papel que desempeñar en esta lucha, una misión que cumplir. No obstante, en ese momento yo ignoraba hacia dónde podía llevarme esa misión.

EL DESTINO DE MUNIRA

Parece que una de las principales tradiciones del islam tuvo su origen en un encuentro del profeta Mahoma con sus seguidores, cuando el profeta agarró una ramita y escribió en el suelo: «No hay uno solo de vosotros cuyo lugar de reposo no esté escrito por Dios, ya sea entre las llamas o en el paraíso.» Partiendo de esta tradición, la fe islámica enseña que todo en esta vida está predestinado y que el destino de cada persona ha sido decretado por Alá. Si bien a muchos musulmanes este fatalismo les crea una resignación ante las penurias terrenales, yo he luchado toda mi vida contra esta inercia pesimista, y no puedo aceptar que tantas mujeres saudíes hayan de sufrir una vida trágica por la voluntad de Alá.

Así pues, cuando me enteré de que otra página horrible de nuestra historia familiar estaba a punto de repetirse, supe que no podía aceptar por las buenas que una de mis sobrinas tuviera que sufrir un destino horrible y vergonzoso.

Nuestra familia había regresado recientemente a nuestro palacio en Riad tras un viaje a Egipto. Mi esposo Kareem y nuestro único hijo varón, Abdullah, estaban en el despacho del primero. Amani, nuestra hija menor, estaba en el jardín con sus cachorros, y yo me encontraba en la sala de estar con Maha, nuestra hija mayor.

De pronto irrumpieron mi hermana Sara y tres de sus cuatro hijas, Fadeela, Nashwa y Sahar.

Me levanté con una sonrisa para recibir a mi querida hermana, pero entonces vi que en sus ojos brillaba el miedo. Los oscuros ojos de Sara buscaron presurosos los míos al tiempo que me tomaba las manos. Luego me dijo que me sentara, que tenía noticias horribles.

—¿Qué ocurre, Sara?

La melodiosa voz de mi hermana no pudo ocultar una gran amargura.

—Sultana, mientras estabais fuera Alí ha dispuesto el matrimonio de Munira. La boda se celebrará dentro de diez días.

Maha agarró mi mano y me hincó las uñas en la palma.

—¡Oh, madre, no!

Retiré la mano. Una idea empezó a torturarme sin piedad. Otra joven, de mi propia sangre, iba a tener que casarse contra su voluntad.

Munira era la hija mayor de Alí, mi despreciable hermano. Era una muchacha bonita pero frágil, y aparentaba ser mucho más joven de lo que era. Munira había sido siempre una niña obediente, cuya timidez despertaba en nosotros compasión y afecto.

La madre de Munira era la primera esposa de Alí, Tammam, la prima real con quien se había casado mi hermano hacía muchos años. En aquel entonces Alí se había jactado de que su matrimonio con Tammam respondía únicamente a la necesidad de solazarse sexualmente cuando volvía del extranjero para hacer una pausa en sus estudios. Amor y ternura no eran palabras de su diccionario.

Cualquiera hubiese podido predecir el miserable futuro de Tammam. Casada cuando era aún una niña, jamás había tenido ocasión de madurar emocionalmente. Incluso como mujer adulta, Tammam raramente intervenía en las conversaciones y, cuando se decidía a hablar, lo hacía en voz tan baja que nos veíamos obligados a acercarnos para oírla.

A los tres años de casados, Alí decidió tomar una segunda esposa. Como Tammam no podía ser más sumisa, nuestra hermana mayor, Nura, preguntó a Alí por la necesidad de dar ese paso.

Nura nos dijo después que Alí había afirmado que su descontento tenía que ver con la infelicidad de Tammam. Le molestaba y desconcertaba a la vez que su joven esposa se hubiera convertido en una mujer melancólica. Expresando una gran perplejidad, Alí aseguró que Tammam no había sonreído una sola vez desde que estaban casados.

Su matrimonio había dado tres hijos, dos niñas y un varón. Las hijas eran tan apagadas como su madre, mientras que él era un perfecto doble del arrogante de su padre. Ahora, la unión de Alí con otras seis mujeres aparte de Tammam, había dado por fruto otros doce hijos.

Munira había vivido preocupada e infeliz. Como hija de un hombre al que le traían sin cuidado las hijas, Munira había pasado los primeros años de su vida esforzándose por ganarse el amor de su padre, un hombre que no tenía amor que dar. En ese sentido, los afanes infantiles de Munira se parecían un poco a los míos. Pero ahí terminaban los parecidos. Yo, al menos, había sobrevivido a la privación del amor paterno sin merma de mi capacidad de amar.

El amor frustrado de Munira por su padre se fue convirtiendo paulatinamente en una mezcla de miedo y odio. Estos sentimientos abarcaban ya a todos los hombres, incluidos aquellos que eran bondadosos. Cinco años atrás, a sus dieciséis, Munira le había dicho a su madre que deseaba permanecer soltera.

A diferencia de la mayoría de chicas saudíes, que pasan su juventud perfeccionando métodos para tener contentos a sus esposos, Munira decidió que su vida iba a ser distinta. Estudió para asistente social con la intención de dedicar su vida a ayudar a los discapacitados, que tan desdeñados son en nuestro país. Con todo, dejó bien claro que ella ayudaría únicamente a *las* discapacitadas.

Durante un tiempo pareció que Alí había olvidado que su hija mayor aún no estaba casada. Pero lamentablemente, alguien se lo había recordado en el curso de una reciente reunión familiar. Ahora, Alí le negaba a su hija el único placer que ésta perseguía, a saber, que le permitiera seguir soltera.

En los países árabes, tan pronto nace una niña los padres empiezan a buscarle un marido apropiado. Se estudian meticulosamente las familias con hijos más cotizados, pensando siempre en futuras alianzas. Mientras dura el celibato, una chica saudí debe permanecer virgen. En cambio, la virginidad prolongada se considera una desgracia familiar.

Munira había cumplido veintiún años, y su soltería empezaba a causar en su padre un grave malestar.

Maha interrumpió mis pensamientos. Quería a su prima y sabía qué opinaba Munira del matrimonio.

—¡Madre! Tío Alí no puede obligarla a casarse, ¿verdad?

—¿A quién está prometida Munira? —farfullé yo.

Sara dudó tanto que me hizo pensar que no conocía la respuesta. Finalmente, tras un largo suspiro, dijo:

—Munira ha de casarse con Hadi.

Mi memoria no me proporcionó ningún rostro que se ajustara a ese nombre.

—¿Qué Hadi?

—¿Cuál va a ser, Sultana? ¿Es que no te acuerdas? El amigo de Alí que viajó con nuestra familia a El Cairo.

Casi me quedé sin habla.

—¿Ese Hadi?

Sara asintió tristemente:

—Sí, *ese* Hadi.

El recuerdo de nuestra traumática experiencia fue como un mazazo. Miré incrédula a mi hermana. Sólo pude pensar: «No, no.»

—¿Quién es ese Hadi? —quiso saber Maha.

Eso, ¿quién? ¿Cómo empezar?

—Es un amigo de Alí de cuando eran pequeños, hija. Tú no le conoces.

Sara se acomodó a mi lado mientras buscaba mis manos con las suyas.

Seguíamos mirándonos a los ojos. Nuestros pensamientos marchaban al unísono. Sara estaba reviviendo el momento más traumático de su vida.

Más de veinte años atrás, contra su voluntad, Sara había sido dada en matrimonio a un hombre mucho mayor, un hombre que había abusado sexualmente de ella desde el primer momento. Sólo tras su intento de suicidio, nuestra madre había conseguido convencer a nuestro padre de que le permitiera divorciarse. Pero aun volviendo a casa, mi querida hermana no había sido capaz de escapar a una depresión crónica.

En ese mismo período de tiempo, nuestra hermana Nura y su marido Ahmed estaban construyéndose un nuevo palacio. Nura tenía pensado viajar a Italia para comprar muebles para su hogar y, de paso, visitar El Cairo.

Para mi sorpresa y contento, Nura y Ahmed nos invitaron a Sara y a mí a acompañarlos. La otra cara de la moneda, sin embargo, fue cuando mi padre decidió que mi hermano Alí y su amigo Hadi formaran también parte del séquito.

Por más desalentadora que nos pareció la noticia, decidimos hacer honor a la invitación.

Mientras estábamos en El Cairo, Sara y yo quedamos pasmadas al descubrir que el amigo de nuestro hermano era todavía más detestable que el propio Alí. ¡Ninguna de las dos había creído que eso fuera posible! Pronto supimos que en comparación con el consentido y enrevesado Alí, Hadi era la mera encarnación del mal.

Aunque estudiaba en el Instituto Religioso, una escuela de Riad donde adiestraban a los chicos para ser *mutawwas*, miembros de la policía moral, Hadi no había asimilado ni un ápice de la bondad que exige nuestro Corán. Su alma negra no había sido tocada por su educación religiosa.

Hadi odiaba a las mujeres con un espíritu vengativo y solía expresar su opinión de que todas las chicas debían casarse al primer síntoma de menstruación. En la mentalidad de Hadi, la mujer estaba en la tierra para tres cosas: proporcionar placer sexual al hombre, servir al hombre y dar hijos al hombre.

Naturalmente, Hadi pensaba que Sara y yo éramos mujeres ingobernables, y así lo decía a menudo. De haber sido él el dueño de nuestros destinos, estábamos convencidas de que nos habría hecho lapidar, y que Hadi habría lanzado sin duda la primera piedra.

Pese a su conocido aborrecimiento del género femenino, Hadi no ponía reparos a la hora de acostarse con tantas como pudiera. Y en ese viaje a El Cairo e Italia se había dedicado exclusivamente a eso. Pero lo más inquietante fue que Alí se sumó a esa conducta pervertida. Estando en El Cairo, habíamos descubierto por azar a Hadi y Alí tratando de violar a una niña no mayor de ocho años. La escena había sido horrible y violenta, y ni Sara ni yo pudimos borrar las imágenes que presenciamos aquel día.

Convencidas de que tan perverso muchacho no podía haberse convertido más que en un hombre perverso, ahora nos invadía el pánico al pensar que semejante individuo iba a tener control absoluto sobre una dulce muchacha que no estaba preparada para defenderse.

Me lancé en brazos de Sara, sollozando. Nuestras lágrimas eran tan contagiosas que nuestras hijas empezaron a sollozar con nosotras.

El sonido de nuestro llanto llegó sin duda al despacho de Kareem, pues éste y Abdullah no tardaron en llegar al salón.

Muy preocupado, Kareem me separó de mi hermana y preguntó:

—¡Sultana! ¡Sara! ¿Qué es lo que ha pasado?

Mientras, Abdullah preguntaba a su hermana Maha:

—¿Ha muerto alguien?

—¡Sería preferible la muerte! —acerté a decir.

Kareem estaba cada vez más alarmado.

—¿Qué? Habla.

Fue Maha quien respondió.

—Es por la prima Munira, padre. Tío Alí ha dispuesto que se case.

La noticia sorprendió al propio Kareem. Todos los miembros de la familia conocían la aversión de Munira por los hombres y el matrimonio.

A diferencia de muchos saudíes, mi marido no creía en la fuerza en lo tocante al matrimonio. Kareem y yo habíamos acordado muchos años atrás que nuestras hijas serían educadas antes de casarse y que, cuando les llegara la edad de hacerlo, tendrían derecho a elegir marido. Ni Maha ni Amani tendrían que enfrentarse a la triste situación de Munira.

A decir verdad, nuestra religión prohíbe forzar a las mujeres a aceptar una unión que no sea de su agrado pero, como en tantos casos, muchas de las cosas buenas que tiene la fe islámica son mal interpretadas, cuando no pasadas por alto.

20

—¿Con quién ha de casarse? —preguntó Kareem por encima de los sollozos femeninos.

—No te lo vas a creer —suspiré.

—Es una catástrofe —añadió Sara secándose las lágrimas.

—Decidme, ¿con quién?

Levanté la vista y miré a Kareem apenada.

—Alí quiere casar a su hija con un viejo amigo.

—¿Viejo por edad? —Kareem torció el gesto.

—Doblemente viejo —respondí—. ¡Un viejo amigo... que es viejo!

—¡Sultana, por favor! No me vengas con adivinanzas —dijo Kareem, exasperado.

Sara no pudo seguir sentada y se levantó, gimiendo:

—Es Hadi... El amigo de infancia de Alí. ¡El detestado Hadi!

Mi esposo palideció. Su mirada se endureció y su voz mostró incredulidad.

—¿El del viaje a Egipto?

—¡Hadi! ¡El mismo!

—Ni hablar. Esto no puede ser. —Kareem miró a su hijo—. Abdullah, debo hablar inmediatamente con Alí. Dejaremos para otro momento nuestra reunión matinal.

Abdullah asintió solemnemente.

Si bien Alí era amigo de Hadi, ninguno de sus cuñados afirmaba tener relación alguna con éste. Tan mal caía a todo el mundo que todos guardaban distancias, a excepción de Alí. Sólo éste era capaz de ver en Hadi alguna cualidad admirable. Desde luego, no formaba parte de nuestra camarilla de parientes y amigos íntimos.

Aunque educado como hombre religioso, Hadi trabajaba ahora para el gobierno saudí. Como amigo de un príncipe de alto rango, se había labrado un camino perfecto para ser fabulosamente rico. Debido a su excelente posición económica, quienes no conocían sus perversas inclinaciones seguramente le consideraban un esposo deseable. Pero dos de mis cuñadas conocían a las tres esposas de Hadi, y habían oído decir que su carácter malvado no había hecho sino aumentar. Bastaba saber que las mujeres con quienes se había desposado le llamaban en secreto «el hijo predilecto de Satanás».

Al oír a Kareem sentí un asomo de esperanza. Aunque yo sabía que las hermanas de Alí no tenían la menor influencia en él, si los hombres de nuestra familia tomaban alguna determinación, tal vez la pobre Munira podría salvarse de un destino que ella sin duda juzgaba peor que la muerte.

—¿Cuándo verás a Alí?

—Mañana.

—Assad irá contigo —le prometió Sara—. Y yo telefonearé a Nura. Puede que Ahmed te acompañe también. ¡Hay que impedir este matrimonio!

Estos planes me consolaron un poco.

Kareem y yo estábamos tan exhaustos, física y emocionalmente, por este drama familiar que esa noche nos acostamos sin nuestro acostumbrado abrazo amoroso.

A la mañana siguiente me quedé en la cama mientras Kareem se duchaba, preguntándome qué nos depararía el día. Como temía que Kareem pudiera olvidar algún detalle importante de su charla con mi hermano Alí, traté de pensar un modo de tener acceso a su conversación.

Cuando Kareem fue a la salita contigua para telefonear a mi hermano, yo levanté el auricular del teléfono de junto a la cama y escuché lo que decían. Les oí citarse en el palacio de Tammam, desde donde Alí había recibido la llamada de Kareem. Sin duda había pasado la noche con su primera mujer.

Corrí al cuarto de Maha y le dije:

—¡Vístete enseguida! Vamos a visitar a tu tía Tammam y a Munira. Nos necesitan.

Cuando le dije a Kareem que Maha y yo íbamos a ver a Tammam y a Munira, una arruga frunció su frente.

—Sultana, si tú y Maha queréis hacerlo, no os lo impediré. Pero ándate con ojo y promete que no te inmiscuirás en mi entrevista con Alí.

Llena de inocencia, di mi palabra de que no les interrumpiría. Pero Kareem no me había pedido que no escuchara su conversación.

Tammam no nos esperaba, pero pareció alegrarse de tener visita y se mostró muy cortés. Tras saludar a su tía, Maha fue directamente a la habitación de su prima Munira. Antes de que llegase Kareem, convencí a Tammam de que era muy importante para nosotras sentarnos en el comedor de gala que había junto al cuarto de estar de Alí. «Puede ser que nos llamen», le dije.

Tan pronto entramos en la sala, me puse a buscar en mi amplio bolso de mano. Años atrás aprendí que solicitar permiso para llevar a cabo alguna cosa poco convencional era una forma de obtener una negativa. Por lo tanto, ahora me limito a actuar y dejar que los otros reaccionen. Tammam se quedó boquiabierta pero no se atrevió a protestar cuando saqué de mi bolso un aparato electrónico e introduje el pequeño auricular en mi oído derecho. Sonreí a la estupefacta Tammam y dije:

—A saber lo que tramarán los hombres contra las pobres mujeres.

Había comprado aquel aparato varios años atrás en una tienda de Nueva York que ofrecía un sorprendente surtido de artilugios de espionaje. Había visto el anuncio en una guía informativa del hotel donde me hospedaba. A la sazón, fue muy importante seguir en secreto las actividades de Amani. Temiendo que ella pudiera correr peligro debido a su extremado fervor religioso, me había sentido obligada a espiar a mi propia hija. Pero enseguida me harté de escuchar sus interminables conversaciones sobre aspectos pormenorizados de nuestra religión, y había puesto el aparato electrónico a buen recaudo.

Pero aquella mañana, antes de dirigirme a casa de Alí, me había acordado del artilugio y ahora estaba dispuesta a escuchar furtivamente a los poderosos hombres que regían nuestras vidas. La experiencia me había enseñado que, aunque el mecanismo no funcionaba a la perfección, sí amplificaba las voces procedentes de las habitaciones contiguas.

Sonreí a Tammam para tranquilizarla, pero vi que tenía miedo. Mi cuñada parecía haberse quedado muda, y cubría la boca con las manos.

Sin querer, yo había dejado el volumen al máximo, de forma que cuando Kareem, Assad y Ahmed saludaron en voz alta a Alí en la habitación contigua, casi di un brinco y pegué la espalda a la pared.

Tammam lanzó un gritito de alarma. Cuando me recuperé del susto, le indiqué silencio llevándome un dedo a los labios.

Por suerte, los saludos de los hombres fueron tan ruidosos y prolongados que no habían notado nada sospechoso.

Sonreí. Siempre me había dado placer escuchar conversaciones secretas.

Los cuatro hombres dedicaron largos y silenciosos momentos a preparar su té. Cuando por fin empezaron a hablar, lo hicieron sobre asuntos sin importancia. Después de interesarse por la salud de todos, se habló de diversos asuntos profesionales. Charlaron un buen rato sobre la mala salud del rey. Tío Fahd es el líder elegido de mi familia más inmediata, y todos temen el día en que ya no pueda gobernar.

Ya me estaba impacientando cuando Ahmed abordó por fin el tema que los había reunido.

—Alí, hemos sabido que Munira se va a casar.

Hubo una pequeña pausa. Luego Alí tocó un timbre para que uno de los criados fuera por unas pastas recién horneadas para acompañar el té.

Supuse que mi hermano estaba ganando tiempo para pensar su respuesta a tan inesperada pregunta. Con todo, también es cierto que mi hermano come con exceso. Para regocijo mío, Alí estaba engordando a pasos agigantados. El aparato de escucha funcionaba tan bien que pronto pude oír el ruido de los gruesos labios de Alí mientras devoraba pastas rellenas de miel. Los otros aguardaban en silencio. Una vez saciado su apetito, Alí se aprestó a contestar a Ahmed.

—Pues sí, Ahmed. Munira ya tiene edad de casarse. Y le he buscado un buen partido. —Dudó un instante antes de añadir—: Seguro que Tammam habrá informado a mis hermanas de la fecha en que debe celebrarse la boda.

Kareem carraspeó y empezó a hablar con escasa confianza.

—Alí, considéranos tus hermanos. Y, como tales, hemos venido a apoyar cualquier decisión que puedas tomar... sobre el asunto que sea.

—Eso es verdad —terció Assad.

Kareem prosiguió con tacto.

—Alí, los vaivenes de la vida humana son en verdad enigmáticos. Me pregunto si has tomado en consideración el peculiar carácter de Munira, o la edad del hombre con quien va a casarse.

Fue Ahmed quien finalmente fue al grano:

—¿Acaso Munira no es más joven que algunos de los hijos de Hadi?

Se produjo un silencio absoluto.

Assad sugirió apresuradamente:

—Si Munira debe casarse, ¿no habría otro más próximo a su edad que a ella pueda gustarle?

Sin lugar a dudas, a Alí no le gustó tan insólita interferencia en sus asuntos privados. Sin embargo, debió de sentirse acorralado, pues hizo una sorprendente concesión.

—¡Dejaré que lo decida Munira!

Me llevé las manos a la boca para no gritar. Cuando conseguí dominarme le hice señas a Tammam y luego junté las manos sobre la cabeza y las bajé hacia el suelo, para indicar que estaba rezando y alabando a Alá.

La tonta de Tammam me miró con expresión estupefacta. Debió creer que le estaba diciendo que era la hora de las oraciones del mediodía, pues consultó su reloj y sacudió la cabeza para contradecirme. En un susurro comedido anuncié:

—¡Alí va a dejar que Munira decida!

Tammam sonrió levemente.

Por primera vez en mi vida sentí cierta compasión por Alí. ¡Qué poco carácter tenía Tammam! De haber sido yo la madre de Munira, no habría sabido disimular mi alegría ante esa noticia. Decidí pensar que sus emociones habían quedado embotadas para siempre tras años de malos tratos.

—Iré a avisar a Munira —dijo Alí con firmeza. Oí sus pasos amortiguados y la puerta abrirse y cerrarse.

Mientras Alí estaba ausente, los otros tres se pusieron a hablar de nuestras recientes vacaciones en Egipto. Sentí cierta decepción pues yo esperaba que hablaran de algún asunto familiar importante que yo desconociera, pero no tan confidencial que no pudiera repetir. Alí volvió a la estancia. Su sonora voz parecía expresar seguridad.

—Munira —dijo—. Tus tíos te quieren y te tienen en gran estima. Han hecho un hueco en sus apretados programas para felicitarte personalmente por tu próximo matrimonio.

Kareem, Assad y Ahmed murmuraron en voz baja, pero Munira no abrió la boca.

Conociendo el terror de Munira hacia los hombres, sospeché que la pobre chica estaba tan abrumada por la atención masculina que se había quedado muda.

—Munira, hija mía —prosiguió Alí—, Hadi me ha pedido que seas su esposa adorada. Ya conoces la amistad que le une a nuestra familia, y que está en condiciones de mantenerte a ti y a los hijos que podáis tener. He pedido permiso al Dios todopoderoso para darte en matrimonio a Hadi. Dime si lo apruebas.

Esperé oír la voz de Munira. Y esperé y esperé.

—¿Munira?

Silencio.

—¡Dios es grande! —exclamó Alí con alborozo—. ¡El silencio de Munira significa que accede! —Rió con entusiasmo—. Vuelve a tu habitación, hija, tu modestia en este asunto ha hecho muy feliz a tu padre.

Todo mi cuerpo se entumeció. Comprendí que Alí se había valido astutamente de un truco para cerrarles la boca a sus parientes. Había repetido casi palabra por palabra lo que el profeta Mahoma preguntó a su hija, Fátima, cuando dispuso que se casara con un primo suyo, Imán Alí. Como Fátima no dijo nada, todos los buenos musulmanes saben que el profeta interpretó la negativa de la muchacha a responder como un signo de gran modestia.

La puerta se cerró.

Dadas las circunstancias, mi esposo y mis cuñados no podían decir nada más. ¡De lo contrario habrían puesto en entredicho al santo profeta!

Alí les dio las gracias calurosamente.

—¡Vuestra preocupación por mi familia ha iluminado mi corazón! ¡Me siento muy afortunado! Volved pronto, por favor.

Al partir los hombres, la puerta se cerró de nuevo. Pude oír la risita complacida de mi hermano.

Con un gemido de angustia me derrumbé contra la pared.

¿Qué había pasado? ¿Habría amenazado Alí a Munira mientras iban hacia la sala? ¿O la pobre muchacha había perdido el habla de puro miedo?

Con la cara anegada en lágrimas, miré a Tammam y meneé la cabeza. ¡Todo estaba perdido! Como mujer que no había conocido jamás el poder de la esperanza, Tammam no parecía sorprendida ni molesta. Se puso de pie y vino a mi lado.

Lloré mientras ella me consolaba.

Momentos después se abrió la puerta. ¡Alí nos había descubierto! Mi hermano se irguió en toda su estatura mientras nos miraba con furia a su esposa y a mí.

Le devolví la mirada, asqueada. Mi hermano me parecía más feo que nunca. Su figura había adquirido una redondez visible incluso bajo su *thobe*. Llevaba unas gafas nuevas de montura de concha con unos cristales gruesos tras los cuales sus ojos se veían demasiado grandes.

La aversión era mutua. Nuestras experiencias infantiles habían creado entre ambos distancias insuperables. En aquel momento, el odio entre mi hermano y yo era tan grande que imaginé que la habitación se oscurecía.

Desafiante, pronuncié palabras llenas de veneno.

—¡Ah, malvado hermano! Estoy segura de que el día del Juicio no será de tu agrado.

Tammam se crispó de temor y se encogió horrorizada ante mi afrenta. Evidentemente, ella nunca se encaraba a su marido. La pobre trató de disculparse por mis palabras, las palabras de otra mujer humilde, pero Alí la cortó con un gesto despectivo.

No me extraña que no la quiera, pensé con crueldad. Ningún hombre respetaría a una mujer tan cobarde.

Entretanto, Alí estaba buscando algún comentario que pudiera herirme de verdad. Yo había vencido a mi hermano con palabras en más de una ocasión. Alí nunca había sido muy rápido verbalmente, y ahora parecía más perdido que nunca.

Sonreí satisfecha, me retrepé en mi asiento y me relajé. Cuando se trataba de pelear con ingenio, yo siempre eclipsaba a Alí.

Pero de pronto mi hermano expulsó el aire de sus gruesos carrillos.

Mi desdén empezó a desvanecerse. ¿Había comprendido Alí, como yo sabía, que cuando uno es el ganador no hay necesidad de agudas réplicas verbales?

Empezó a reírse con ganas.

La visión de mi obeso hermano, plantado allí con aire triunfante, sabedor de que contaba con el apoyo de las inamovibles instituciones legales de mi país, me hizo desesperar.

El destino de Munira estaba marcado, y temí que yo no pudiera decir o hacer nada para cambiar el horror que la esperaba.

Aun después de que Alí hubiese cerrado la puerta e iniciara su lento recorrido por el largo corredor que llevaba a la entrada principal del palacio, pude seguir oyendo sus perversas carcajadas.

LA BODA DE MUNIRA

La conmoción del fracaso en mi enfrentamiento con Alí me hizo volver directamente a casa y acostarme sin más. La cabeza me dolía horrores y no me reuní con mi familia para cenar.

Aquella noche, cuando mi preocupado esposo me habló de la reunión con Alí, no le confesé que ya conocía el resultado de esa visita. Cuando me eché a llorar, un compasivo Kareem me consoló.

A la mañana siguiente me sentía aún tan desolada que permanecí acostada después que Kareem hubiera salido de casa camino de sus oficinas en la ciudad. Mientras estaba en la cama, mis pensamientos se ocuparon de Munira y de la aterradora vida que no tardaría en comenzar. Mi sensación de impotencia ante las congojas de Munira hizo que me planteara una pregunta inquietante: en lo relativo a mejorar la vida de la mujer en este país, ¿qué logros podía aportar Sultana al-Saud como propios?

Hasta el momento muy pocos, hube de admitir. Por primera vez en mi vida me veía obligada a reconocer que mis sublimes aspiraciones de ayudar a las mujeres indefensas habían quedado en nada.

Tanto me deprimió pensarlo que empecé a ansiar una bebida alcohólica. ¡Y no había desayunado todavía! Descartando toda consideración a la comida, bajé de la cama y fui directa a la botella de whisky escocés que había sobre el aparador del dormitorio.

Me serví una generosa ración, bebí un buen trago y aguardé a que el esperado calor fluyera por mi cuerpo.

De pronto, otra cosa empezó a preocuparme. En los últimos meses mi apetencia de alcohol había ido en aumento. ¿Acaso el solaz que encontraba ahora en la bebida me conduciría a una desgracia personal? ¿Me estaba convirtiendo en una alcohólica? Esa idea hizo que arrojara el vaso al suelo. Gemí y me tapé los ojos con las manos.

Desde mi infancia me habían enseñado que los licores son malos y están prohibidos a los musulmanes. Aún recuerdo cuando mi madre me contaba que el profeta Mahoma había maldecido a muchos hombres por ese motivo. Madre decía que el profeta maldijo al hombre que lo exprimía, al que lo transportaba, al que lo recibía, al que lo servía, al que lo bebía, al que comerciaba con ello, al que lo compraba y aquel a quien se lo compraban. ¡No se salvaba ninguno!

Pero pese a las advertencias de mi madre yo, en cierto modo, me veía ahora en la trampa de la promesa de fugaz felicidad que ofrecía una botella de alcohol.

No soy la única que peca de eso en la familia Al-Saud. El alcohol se ha cobrado las vidas de muchos de mis primos reales. Para ser franca, debo decir que cuando estos primos no compran o venden alcohol, es que lo están bebiendo. Y lo hacen al margen tanto del tabú religioso como de la ley.

¿Qué pensaría nuestra madre?

Todo aquel que reside en el reino de Arabia Saudí sabe perfectamente que consumir alcohol es ilegal. Cada año van a la cárcel un buen número de saudíes y de extranjeros por posesión o consumo de alcohol. Es de dominio público que dichas leyes no se aplican a los miembros de la familia Al-Saud. Pero mientras los miembros masculinos de la familia real quedan impunes de cualquier delito que puedan cometer, cuando se trata de las mujeres Al-Saud la cosa cambia. Si bien se nos ahorra la condena pública por nuestros errores debido a la vergüenza que semejante admisión causaría en nuestros gobernantes, las mujeres de mi familia se ven obligadas a pagar un elevado precio en el caso de que desarrollen algún tipo de adicción.

Volví a la cama y traté de contar con los dedos todas las primas reales que se habían enganchado al alcohol o las drogas, pero me quedé sin dedos. En los últimos años el problema ha empeorado tanto que ha habido que abrir clínicas especiales para toxicómanos. Ahora los hombres Al-Saud ya no tienen que enviar a sus esposas adictas al extranjero para una cura de rehabilitación.

Unos meses atrás había visitado a una prima ingresada en una de esas clínicas. El ambiente que se respiraba era de lujo. El silencio te daba enseguida la sensación de estar en una institución médica distinta de las otras. Médicos y enfermeras eran extranjeros, al igual que el resto del personal. Para evitar que una paciente pudiera estar sola, todas ellas tenían asignadas hasta cinco enfermeras, mujeres que ya se habían acostumbrado a trabajar con princesas reales criadas entre muchos algodones.

Encontré a mi prima en una amplia suite de tres habitaciones con más lujos de los que ella disfrutaba en su vida cotidiana. Cocineros especiales preparaban los platos más selectos, que se servían en porcelana cara. Mi prima seguía llevando costosa ropa de diseño cuando recibía a sus amigos y parientes en las suites de la clínica. Sólo faltaban dos accesorios: el alcohol y las drogas.

Aunque su tratamiento consistía en muchas sesiones con médicos cualificados, mi prima no estaba sujeta a la humillación —o al beneficio— de la terapia de grupo, como los adictos de los países occidentales.

El tratamiento especial en esa clínica costaba más de cien mil riyales saudíes a la semana. Mi prima permaneció en el establecimiento durante casi cuatro meses hasta que dijeron que estaba curada. Por desgracia, a los pocos meses de ser dada de alta reanudó su adicción al alcohol. Si no he perdido la cuenta, esta prima mía ha sido tratada en esa clínica al menos cinco veces.

Sin embargo, una vez inicias un tratamiento, tanto si te curas como si no, ya nada vuelve a ser igual para la infortunada esposa saudí. La servidumbre cotillea y al final siempre se sabe la verdad. La princesa adicta es mirada con piedad por sus otras primas, pero el marido suele rechazarla, tomar seguramente una segunda esposa o pedir el divorcio. Como sabe cualquier mujer saudí, el divorcio significa perderlo todo, el estatus y los hijos. Una divorciada está prácticamente condenada al ostracismo.

No hace mucho, Hazrat al-Saud (otra prima real aquejada de alcoholismo) se divorció de su esposo a instancias de éste. Los cinco hijos, que ahora viven con su padre y sus otras dos esposas, tenían prohibido todo contacto con Hazrat. Incluso su familia de sangre había renunciado a ella, y ahora Hazrat vivía bajo los auspicios de una tía ciega y vieja y dos sirvientas filipinas. Pero la atracción que sentía por el alcohol era tan fuerte que Hazrat seguía aprovechando la menor oportunidad de adquirir lo que le había llevado a la ruina.

Mi hermana mayor, Nura, había sabido recientemente que Hazrat había provocado una explosión al intentar producir vino casero a base de mosto, azúcar y levadura. Según Nura, la tía de Hazrat juró que la explosión había sido tan fuerte que pensó que los iraquíes estaban bombardeando Riad. La mujer se ocultó debajo de una cama y no salió hasta que oyó a Hazrat llorar a moco tendido por su fallido invento.

Era innegable que la vida de Hazrat estaba totalmente arruinada por esa misma ansia de alcohol que yo estaba experimentando ahora.

Me estremecí. Temerosa de lo que el futuro me depararía si mi secreto llegaba a saberse, me prometí que Kareem no debía enterarse de que yo consumía alcohol por la mañana. Sabía desde antiguo que mi fortaleza y mi osadía eran las flechas que habían atravesado el corazón de mi esposo para atraerlo hacia mí. Los cimientos en que se basaba nuestro amor se vendrían abajo si Kareem descubría mi debilidad por la bebida.

Horrorizada por el giro que mi vida estaba tomando, juré que vencería este progresivo y peligroso deseo de alcohol. Empecé a recitar en alto los noventa y nueve nombres de Alá, confiando en que, con mi devoción, el Dios de todos los musulmanes se apiadaría de mí y me daría fuerzas para vencer mi flaqueza. Susurré: «El compasivo, el misericordioso, el soberano, el santo, el que otorga la paz, el protector, el poderoso, el creador, el majestuoso, el que todo lo perdona...»

Mi sincera devoción fue interrumpida por una histérica Maha. Mi hija me dijo que Munira acababa de telefonear llorando. La pobre chica había confirmado a Maha lo que yo ya imaginaba, que tuvo motivos para estar callada el día en que fueron a visitarla sus tíos. Según Munira, Alí la había amenazado con pegarles a ella y su madre si osaba abrir la boca para protestar por su compromiso con Hadi. La pobre Munira le confió también que sus plegarias a Dios consistían en rogar una muerte temprana antes del día de su boda.

Con Maha, descarté una propuesta tras otra de rescatar a la novia, y finalmente concluimos que lo mejor era un plan sencillo. Decidimos ocultar a Munira en nuestra casa de Jidda hasta que Hadi, humillado por la renuencia de su prometida, prefiriese anular su compromiso.

Telefoneé a Sara y le dije que viniera cuanto antes. Yo esperaba persuadir a mi hermana más inteligente de que nos ayudara a idear nuevas estrategias.

Cuando Sara llegó, me sentí desconcertada al comprobar que no quería participar en el plan, y que incluso me advertía que pondría a Kareem sobre aviso de mis intenciones.

—¡Sara! —la amonesté—. Una vez pasaste por lo mismo que la pobre Munira. ¿Acaso tus recuerdos de entonces no te empujan a salvar a esta muchacha?

Sara se había quedado de piedra.

—¿Sara...?

La expresión de su cara no encajó con el tono calmado de su voz.

—Sultana —admitió—, no hay un solo día de mi vida que no esté enturbiado por lo que sucedió entonces. Incluso cuando más feliz soy con Assad, una punzada de dolor consigue abrirse paso hasta mi conciencia. —Hizo una breve pausa—. Si pudiera salvar a Munira de ese destino, lo haría. Pero sólo Dios puede salvarla, Sultana. Sólo Dios.

—Dios dio a las mujeres la astucia —argumenté—. ¿De qué otro modo podemos vencer la malvada naturaleza de los hombres?

Sara apoyó una mano en mi hombro.

—Hermana, es posible que por edad seas toda una mujer, pero en muchos sentido sigues siendo una niña.

Desvié la mirada; la decepción y el enfado no me dejaban hablar.

—Vamos, Sultana. Intenta pensar con claridad, y te darás cuenta de que lo que puedas hacer para ocultar a Munira sólo conseguirá que crezca la determinación de Alí, y la de Hadi. Si escondes a Munira, ellos la encontrarán. Al final, Hadi se casará con ella, pero entonces su corazón estará colmado de ira y acritud. Tus esfuerzos sólo habrán empeorado el destino de Munira.

Como le ocurre al pájaro cuando acepta su cautividad, la luz de la esperanza abandonó mi cuerpo. Me derrumbé en el sofá y rodeé a Sara con mis brazos. Ella tenía razón así que, por el momento, descarté todo plan de liberar a mi sobrina. Sabía que si no ocurría un milagro, Munira sería la próxima esposa de Hadi. Y ninguna de nosotras podía hacer nada al respecto.

Después de marcharse Sara, volví a la cama y pasé el resto del día en un estado de impotente letargo.

Nueve días transcurrieron con la velocidad de un momento fugaz. La boda de Munira se iba acercando.

Aunque Alí no sentía ningún cariño por su hija mayor, su categoría de príncipe de alto rango aseguraba que el enlace de Munira iba a ser un gran acontecimiento. La celebración y la boda debían tener lugar en el Rey Faisal, un gran edificio de la capital saudí donde se habían celebrado muchas bodas reales.

La noche de las nupcias, una larga cola de limusinas fue desfilando frente al edificio. Nuestro chófer se detuvo delante de la amplia escalinata de entrada. Dos porteros corrieron a abrir las puertas del automóvil, y mis hijas y yo salimos a una noche llena de música. Mientras íbamos hacia la escalera percibí el ritmo de la música de baile árabe.

Aunque todas las mujeres llevábamos velo, yo sabía que las otras invitadas eran en su mayoría miembros de la familia real o estaban muy relacionadas con nuestra familia.

Aparte del novio, su padre o hermano, el padre de la novia y posiblemente algún *mutawwa*, nunca vemos hombres en esta clase de ceremonias. En mi país los hombres y las mujeres celebran las bodas en lugares separados. Mientras nosotras nos congregábamos en el Rey Faisal, ellos se reunían en el palacio que Alí tenía en Riad.

Cuando mis hijas y yo cruzamos el umbral de la amplia sala,

un enjambre de criadas, todas con el mismo vestido de terciopelo rojo, nos esperaba para recoger nuestras capas y velos. Las tres íbamos vestidas con costosos conjuntos de diseño que habíamos comprado el año anterior en París. Yo llevaba un vestido de noche negro con puntillas italianas en color rojo.

Unos días atrás, en un intento de distraerme de Munira, Kareem había enviado a París a un empleado libanés de confianza en uno de nuestros aviones privados con el único propósito de comprarme un regalo especial; la gargantilla de diamantes que lucía ahora en mi cuello.

Maha iba ataviada con un precioso vestido de seda color rojo oscuro que le caía suelto desde los hombros. Un collar de perlas y diamantes en forma de lágrimas cubría la tersa piel de su escote. A Maha le había parecido adecuado que incluso el collar evocara la tristeza que sentía por su querida prima.

Amani llevaba un conjunto azul oscuro que, en concordancia con sus estrictas creencias religiosas, era de estilo severo y le tapaba hasta el cuello.

Como nuestra fe considera natural en la mujer el amor por las joyas y los adornos, siempre que no se utilicen para atraer a los hombres y despertar su apetito sexual, Amani no pudo oponerse a mis deseos de que esa noche llevara joyas bonitas. Yo le había recordado algo que mi piadosa hija ya sabía: aparte de Hadi, su ayudante, el tío Alí y un *mutawwa*, no iba a haber más hombres en la reunión. Después de convenir en que su fe le permitía llevar piedras preciosas sin sentirse culpable, Amani escogió un encantador collar de rubíes y diamantes diestramente elaborado para que pareciese un ramo de flores.

Realmente, mis dos hijas estaban preciosas, y en cualquier otra ocasión me habría enorgullecido de lucirlas.

Cuando Maha y Amani fueron a reunirse con unas primas de su misma edad, decidí dar un paseo por el amplio recinto. La música estaba tan fuerte y el cantante chillaba tanto que sólo se me ocurrió equiparar su sonido a gritos de terror. ¿O eran imaginaciones mías?

Di un respingo. En lo alto brillaba una luz. Tanta iluminación había creado un efecto cegador. A instancias de Alí, unos decoradores venidos especialmente desde Egipto habían cubierto toda la superficie del techo con luces de vistosos colores. Al mirar en derredor, me chocó lo chillón de aquel decorado. La sala era una explosión de luz, mientras unos jarrones de lo más cursi rebosaban de caramelos envueltos en papel dorado. Del techo, sin razón aparente, colgaban guirnaldas de terciopelo. Las columnas pintadas de oro, las mesas e incluso las paredes lucían grandes cascadas de arreglos florales. Pero las flores estaban dispuestas sin el menor orden o armonía de color. Rosas rojas se apretujaban con auroras comunes, orquídeas lilas con claveles azules.

La plataforma desde donde Hadi y Munira verían a, y serían vistos por, los invitados estaba cubierta de chispeantes luces rojas y verdes.

Tan absorta estaba yo en este despliegue de mal gusto que no vi a Sara avanzando entre la multitud.

Un brazo me ciñó suavemente la cintura.

—Sultana.

—Sara —sonreí—. Gracias a Dios me has encontrado.

Con una mirada de desaprobación, Sara señaló con la cabeza lo que nos rodeaba.

—Esta noche me da vergüenza ser la hermana de mi hermano —dijo.

—A mí también, y por más razones que esta decoración.

—Ojalá te hubiera ayudado a esconder a Munira —admitió Sara.

—¿De veras?

—Sí. Tu corazón y el mío están unidos en esto.

Abracé a mi hermana y traté de consolarla como ella me consolaba a mí.

—Tú tenías razón, Sara. Alí habría tamizado toda la arena del desierto para encontrar a su hija y entregarla a Hadi. —Suspiré resignada—. La hija de un hombre así no tiene escapatoria.

Cogidas de la mano, nos dispusimos a saludar a tías y primas mientras buscábamos a nuestras hermanas.

Antes del momento previsto para que Munira hiciese su aparición, las diez hermanas de nuestra querida madre Fadeela nos reunimos formando corro. Pero ninguna de nosotras estaba alegre. El motivo de nuestro encuentro nos colmaba a todas de tristeza. A raíz de la muerte de nuestra madre, la hermana mayor, Nura, había asumido el rango de jefa con nuestro consentimiento. Ella era la figura que guiaba con frecuencia a sus hermanas pequeñas señalándonos las realidades de la vida. Estoica y fuerte, parecía que Nura, de todas las hermanas, era la única que había conseguido dominar sus emociones. Pero esa noche, incluso ella estaba consumida por la pena. Nura nos había acompañado a Egipto, cuando el verdadero carácter de Hadi había quedado en evidencia ante la familia. A diferencia de muchas de las presentes, Nura conocía el alma corrupta del hombre que pronto iba a poseer a Munira.

—Es una noche triste, muy triste —murmuró con la mirada fija en el estrado nupcial.

Sara se estremeció, pensando en lo que le esperaba a Munira.

—Ojalá esa pobre chica no temiera tanto a los hombres —suspiró.

—Tanto si los teme como si los ama, ésta va a ser una noche cruel —dijo Tahani.

Detrás de Tahani estaba la querida Reema, la quinta hija de nuestra madre, manipulando discretamente el aparato médico que ceñía su demacrado cuerpo. El aparato iba disimulado bajo su vestido, pero Reema había tomado por costumbre verificar una y otra vez compulsivamente el artefacto. Tras la brutal agresión sufrida a manos de su esposo Saleem, a Reema había tenido que practicársele una colostomía, y ya no volvería a dominar las funciones fisiológicas de su cuerpo.

Enojada por el recuerdo de aquel suceso, pregunté exaltada:

—¿Cómo es que aceptamos todas estas cosas?

Mis hermanas procuraron al unísono hacerme callar para no atraer la atención de las otras mujeres.

—Yo creo —dije entre dientes— que deberíamos apedrear el palacio del rey en vez de estar aquí pasando vergüenza.

—Sultana —me conminó Nura—, no hagas una escena.

Yo misma me sorprendí por mi impertinencia:

—Eres tú, hermana, la que deberías hacer una escena conmigo.

Nura no dijo nada, pero me miró en señal de advertencia.

—Todas las mujeres de este país deberían reunir tantas piedras como puedan —repetí— y arrojárselas a nuestros hombres.

Ocho de mis nueve hermanas, Nura, Reema, Tahani, Baher, Dunia, Nayam, Haifa y Soha, abrieron la boca al unísono. Sólo Sara permaneció impasible.

Vi que intercambiaban miradas inquietas. Notando la desilusión en mi rostro, y sabedora de que yo esperaba de ellas un acto de valentía, Sara dio un paso al frente y me tomó la mano.

De pronto oímos unos trinos agudos detrás de las puertas cerradas.

El inicio de la procesión nupcial salvó a mis hermanas de mis protestas. Temblando de ira y de pena, vi salir a seis hermosas bailarinas. Eran mujeres venidas especialmente de Egipto y todas llevaban complicados ropajes que realzaban sus voluptuosos cuerpos. Cuando las bailarinas pasaron frente a nosotras, me sorprendieron sus incitantes guiños.

Miré a Sara con aire inquisitivo, y ella se encogió de hombros. Yo había oído decir que una de nuestras primas tenía como amante a una bailarina egipcia, y me pregunté si los beneficios que esa bailarina había obtenido habrían dado alguna idea a sus compañeras.

Unas tamborileras, ataviadas con vistosos vestidos bordados, siguieron a las bailarinas. Eran mujeres saudíes de una tribu leal a nuestra familia. Doce chiquillas de entre tres y seis años vinieron después. Eran las niñas-flor, que llevaban hermosos vestidos de raso rosa con cintas y zapatos a juego. Las niñas esparcieron pétalos que iban arrancando de orquídeas moradas. Por la fragancia que llegó hasta mí, supe que los pétalos habían sido especialmente perfumados con incienso. Estas niñas eran miembros de nuestra familia real y sus encantadores gestos infantiles arrancaron sonrisas entre la multitud.

Una vez las bailarinas hubieron rodeado la plataforma, dieron inicio a un baile frenético. Era la señal de que la novia iba a llegar a la sala.

Debido a mi baja estatura, tuve que ponerme de puntillas para ver mejor.

Munira avanzó lentamente por la sala. Llevaba un traje nupcial amarillo claro. Su rostro lúgubre estaba ligeramente cubierto por un velo del mismo color. Las piedras de imitación cosidas a la tela del velo reflejaban la iluminación de la estancia, consiguiendo un dramático efecto centelleante que sus ojos eran incapaces de dar. Sostenían la pesada cola del vestido varias primas adolescentes, de entre trece y diecinueve años. Las pobres iban ataviadas con espantosos vestidos color naranja que sin duda no habían escogido ellas.

Abrumada por el batiburrillo de colores, pensé que era la boda más fea a la que había asistido jamás. Todo en la ceremonia parecía encajar tan mal como los novios, Munira y Hadi. Sara y yo nos miramos incrédulas, sabiendo que estábamos pensando lo mismo.

Cuando Munira pasó por nuestro lado, pude ver brevemente la palidez de su cara. Sus ojos no mostraban expresión alguna, iba mirando al frente, un momento de vacío que pareció prolongarse eternamente.

¡Qué mal me sentí!

Cuando por fin Munira se sentó en el estrado, supe que había llegado el terrible momento. El novio estaba a punto de hacer su entrada.

Las voces quedaron reducidas a susurros.

Escoltado por uno de sus hermanos, Hadi caminó hacia la desventurada Munira. Detrás de ellos iban Alí y un barbado *mutawwa*.

Munira estaba mirando a Hadi. Un terrible dolor pareció cruzar su cara, pero fue sólo un momento. Sabiendo que la habían metido en una trampa como a un animal, y que no había esperanza de liberación, Munira parecía valientemente decidida a mantener la dignidad.

Hadi no estaba mirando a su novia, como muchos prometidos harían ante la mujer con quien van a casarse. En cambio, lo que miraba con avidez eran los rostros descubiertos de las invitadas. Los años no le habían cambiado. Parecía deleitarse con la rara oportunidad de dirigir una lasciva mirada a las mujeres en un lugar oficialmente sancionado. ¿Sería que la madurez no había hecho sino reforzar el carácter depravado de aquel hombre?

Desconcertadas por sus salaces miradas, las mujeres reaccionaron con un murmullo de voces escandalizadas. Sara me agarró con tal fuerza que sus dedos se pusieron blancos. Yo sabía que tenía miedo de que me soltara, de que corriera hacia Hadi y le pegara con todas mis fuerzas.

En cualquier caso, yo ya había tomado la rápida decisión de que, si Hadi me miraba con coquetería, le iba a escupir en la cara antes de informar a aquella asamblea de mujeres sobre lo que yo sabía de él.

No llegó a producirse tan excitante escena, pues justo cuando Hadi llegó a la altura de donde nos encontrábamos, apartó la vista de la muchedumbre y miró hacia su olvidada novia. Una sonrisa complacida iluminó su cara. Sin duda era un hombre afortunado.

¡Nada me sorprendió tanto como observar que Hadi apenas había envejecido desde nuestro viaje a Egipto! Lo lógico habría sido que alguien tan ruin como él hubiese degenerado en un hombre feo y marchito. Pero su aspecto no delataba su podredumbre interior. Aunque se le veía más grueso, su cara seguía siendo juvenil. ¿Quién iba a adivinar que bajo su tersa piel yacía el corazón de una bestia?

Entonces pensé que nuestras jóvenes se ven obligadas a sacrificar su juventud para que hombres como Hadi puedan aprovecharse de su belleza. Es devorando a las jóvenes como esos hombres se conservan robustos.

Tuve que esforzarme para no llorar.

Hadi se reunió muy ufano con Munira en la plataforma nupcial.

Allí fue a situarse al lado de la pareja, pero yo desvié la mirada: quería disociarme mentalmente de él, de mi hermano de sangre.

La ceremonia oficial había tenido lugar previamente con la asistencia de las familias inmediatas, aunque los novios no se habían visto. Esto sólo debía ocurrir en la boda propiamente dicha.

Nura intentó obligarnos a Sara y a mí a que fuésemos con las demás hermanas a ofrecer nuestros mejores deseos a la pareja, pero Sara y yo nos negamos. ¿Cómo podíamos fingir alegría cuando un hombre tan inmoral reclamaba ahora la propiedad de una joven dulce e inocente de nuestra propia sangre?

Sonreí amargamente al oír a unas primas alabar al guapo y acaudalado marido de Munira.

Mi lengua retuvo una callada oración: Oh, Dios, ten piedad de las mujeres saudíes. Apiádate y ¡pronto!

MI SECRETO

Un día después del «vínculo santificado» de Munira, Kareem debía partir para Japón en viaje de negocios de tres semanas. Abdullah acompañaba a su padre. Había llegado el infeliz momento de que nuestro hijo reanudara sus estudios universitarios en Estados Unidos, y el plan era que tomara un avión para California después de pasar unos días en Japón con su padre. Las lágrimas acudían a mis ojos cada vez que recordaba que no volvería a ver a mi apuesto y estimado Abdullah durante tres largos meses.

Aparte de la servidumbre, mis hijas y yo estábamos solas en nuestro palacio de Riad. Pero esas hijas eran escaso consuelo para su madre, puesto que también ellas se disponían a volver a sus clases y preferían pasar con sus amigas el tiempo que les quedaba.

Siempre he sido inquieta y me aburro fácilmente, y debo confesar que no paro de interrogarme sobre las actividades de mis hijos. De modo que pasaba horas recorriendo los solitarios pasillos de la segunda planta de nuestra casa, parándome con frecuencia frente a las habitaciones de mis hijas. Cuando eran más pequeñas, ambas compartían la misma ala de la casa. Pero ahora, debido a la obcecación de Amani en destruir las revistas de moda y las cintas de música de Maha, Kareem y yo habíamos trasladado a Amani al ala sur del palacio, mientras Maha seguía en el ala norte. Así pues, yo caminaba mucho.

Mis hallazgos raramente variaban. De la suite de Amani solían salir cánticos y rezos, mientras que del cuarto de Maha eran carcajadas y música americana de rock and roll.

Aburrida de espiar a mis predecibles hijas, me retiré a mis aposentos privados. Debido a lo mucho que me afectaba la trágica circunstancia de Munira, no me sentía de humor para asistir a las acostumbradas fiestas de mujeres en casa de amigos o familiares.

Hadi se había llevado a su esposa a Marruecos en viaje de luna de miel. Aunque yo casi no me atrevía a pensar las torturas que estaría soportando Munira, quise tener la confirmación de que la pobre muchacha estaba bien. Telefoneé a Tammam para preguntar si había noticias de la pareja. Me costó creer a Tammam cuando me dijo que por timidez no le había preguntado a Hadi el número del hotel donde iban a hospedarse. Colgué el auricular para evitar que su cortedad me animara a soltarle un exabrupto.

Lo único que podía hacer era esperar. Para mi desconsuelo, me entraron ganas de beber alcohol, pese a que luchaba contra mi pecaminoso deseo.

Pocas horas más tarde, una atribulada Tammam me telefoneó para decir que Munira la había llamado a escondidas mientras Hadi estaba ausente del hotel, y le había dicho a su madre que detestaba y temía a su marido más aún de lo que había llegado a imaginar.

Loca de desespero, me tumbé en la cama notando un gran entumecimiento en todo el cuepo. ¡Me sentía impotente! Ni yo ni nadie podíamos hacer nada por Munira. Ahora estaba legalmente casada con Hadi.

Años atrás había aprendido que en nuestro país ninguna autoridad interfería en los asuntos privados de un hombre y una mujer. ¡Pasarán mil años y los cuerpos de las mujeres saudíes seguirán siendo propiedad de los hombres saudíes!

¡Cuánto odiaba nuestra debilidad!

Los ojos se me llenaron de lágrimas, mi corazón palpitaba peligrosamente. Decidí pensar en otra cosa. Sí, me buscaría una ocupación. Había descuidado mucho las provisiones de alcohol de la familia. Haría una inspección por sorpresa. No es que tuviera intención de empinar el codo, me dije mientras me ponía una bata; simplemente quería cerciorarme de que nadie estuviera despilfarrando aquellas costosas y exiguas provisiones. Como las bebidas alcohólicas están prohibidas en Arabia Saudí, resulta carísimo comprar existencias en el mercado negro. Una botella cuesta entre 200 y 350 riyales saudíes.

Recorrí el palacio sin deleitarme en la magnificencia de su recién decorado interior, de sus habitaciones colmadas de cuadros, tapices y muebles europeos de anticuario. Un año antes, Kareem y yo habíamos contratado a un interiorista milanés, quien a su vez había empleado operarios para echar paredes abajo, reemplazar techos y ventanas y levantar habitaciones abovedadas con cámaras ocultas y columnas altísimas. Había sabido coordinar colores y texturas, alfombras persas, cortinajes de seda y suelos de mármol, y había añadido algunos muebles antiguos de procedencia italiana y francesa. La combinación de arabescos y arcos tradicionales de Oriente Medio con la moderna ostentación italiana había dado como fruto una romántica informalidad que era la envidia de mis reales primas.

Dejé atrás la amplia sala de estar y entré en el ateneo de los cigarros y los vinos, pero descubrí a una de las criadas filipinas sacando el polvo a los licoreros de secoya. Bruscamente le dije que buscara otra ocupación y, cuando estuve segura de que me encontraba a solas, empecé a contar las existencias. Me alegró comprobar que Kareem había aprovisionado profusamente nuestro escondrijo. Había entre doscientas y trescientas botellas. Entré en la sala del vino, una espaciosa estructura de roble pensada para mantener la temperatura y humedad adecuadas para nuestra bodega. Cuando llegué a doscientas, dejé de contar botellas.

Estábamos bien provistos, sin duda. Mi mente se dejó llevar a un terreno peligroso. Seguro que Kareem no notaría la ausencia de un par de botellas aquí y allá.

Mientras calibraba la abundancia de nuestras provisiones, volví a sentir el familiar aguijonazo. Fue fácil desdeñar mi voto de abstinencia. Me metí dos botellas de whisky bajo la bata y, diciéndome que sólo iba a tomar un trago, subí a nuestros aposentos privados por la escalera de mármol.

Una vez dentro, cerré la puerta con llave y acaricié las botellas. Me puse a beber con la esperanza de que el alcohol me hiciese olvidar la imagen de Munira en pleno sufrimiento.

Veinticuatro horas después desperté sobresaltada por el ruido de unas voces histéricas. Abrí los ojos en el momento en que alguien me sacudía los hombros. Oí que me llamaban:

—¡Sultana!

Sara me estaba mirando con cara de preocupación.

—¡Sultana! ¿Me oyes?

Sentí una punzada de ansiedad. Mi estado físico era tan deplorable que creí haber sufrido un accidente y estar saliendo de un coma. Oí sollozar a Maha:

—¡Madre! ¡Despierta!

Sara consoló a mi hija.

—¡Da gracias a Dios, Maha! ¡Tu madre aún está viva!

Pestañeé, tratando de sacudirme la confusión. Quería decir algo, pero era incapaz de articular palabra. Oí voces femeninas gritando muy excitadas en una mezcla de árabe, filipino y tailandés. Me pregunté por qué mi alcoba estaba llena de tan parlanchinas mujeres. Entonces dije a mi hermana con voz débil:

—¿Qué ha pasado?

Con la frente arrugada, Sara pareció medir las palabras.

—Sultana —dijo al fin—, ¿cómo te encuentras?

—No muy bien —dije, y repetí—: ¿Qué ha pasado?

La voz de Amani, creciendo de volumen a cada palabra, se destacó de las demás.

—¡Has cometido un pecado grave, madre!

Tratando de acallar sus sollozos, Maha ordenó:

—¡Cállate!

La acusación de Amani resonó en la alcoba.

—¡Aquí tengo la prueba!

Giré la cabeza y vi que Amani blandía una botella de whisky en cada mano.

—¡Madre ha estado bebiendo! —gritó—. ¡El profeta la maldecirá por su pecado!

Sara miró a su sobrina con rostro sombrío.

—Amani, dame esas botellas y haz el favor de salir de la habitación.

—Pero...

Sara le arrebató las botellas con suavidad.

—Obedece. Vamos. Sal de la habitación.

Después de su padre, a quien más quería y respetaba Amani era a su tía Sara. Al salir, empero, no se calló su amenaza:

—Se lo voy a contar a papá tan pronto llegue a casa.

Mareada como estaba, el estómago me dio un vuelco sólo de pensarlo. Sara dejó las botellas vacías a los pies de mi cama y luego dijo con firmeza:

—Que salga todo el mundo.

—¡Yo no! —gimió Maha.

—Sí, tú también.

Cuando Maha se inclinó para besarme, me dijo al oído:

—No te apures, madre, yo sé cómo taparle la boca a la tonta de Amani.

Mi expresión debió delatarme, pues Maha creyó necesario aclarar:

—¡La amenazaré con decir a todos sus amigos religiosos que lleva ropa incitante y coquetea con chicos!

Aunque eso no era verdad, yo sabía que la advertencia podía preocupar seriamente a Amani; su reputación es la de un verdadero creyente incapaz de cometer un solo pecado. Yo sabía que eso estaba mal, pero también era consciente de la gravedad de la situación si Kareem llegaba a conocer mi debilidad. Así pues, no regañé a Maha sino que le ofrecí una sonrisa escueta que ella pudiera interpretar como renuente aprobación.

Al salir de la alcoba, Maha tuvo que empujar la pesada puerta de madera contra los paramentos que, como pude ver, estaban destrozados. Sara contestó a mi pregunta no formulada.

—Como no respondías a nuestros gritos, ordené que echaran la puerta abajo.

Lágrimas de humillación acudieron a mis ojos.

—Parecías muerta, Sultana —dijo Sara, secándome la frente con un paño—. He llegado a temer lo peor —añadió con un largo suspiro. Luego agarró un vaso de zumo de tomate y me animó a sorber un poco con una pajita—. ¡Tu silencio me colmó de miedo! —Me arregló las almohadas antes de sentarse a mi lado—.

Sultana, es preciso que me lo cuentes todo —dijo tras inspirar hondo.

Aunque se la veía serena, me di cuenta de que estaba muy decepcionada; así lo reflejaban sus ojos oscuros.

Sintiendo que la muerte no habría sido mala compañera en ese momento, mis hombros empezaron a agitarse mientras rompía a llorar. Sara me acarició la cara y las manos. Su voz sonó suave cuando dijo una triste verdad:

—Tus hijas, tus sirvientas, todos me dicen que has empezado a beber mucho, Sultana.

Abrí los ojos de golpe. ¡Conque mi vicio furtivo no había sido tan secreto!

Sara esperaba una explicación. En ese momento supe que mi hermana no comprendería la verdadera fuente de mi dolor. Y exclamé:

—¡Tú aún tienes niños que te necesitan!

Por la mueca desconcertada de Sara vi que mi hermana empezaba a temer por mi salud mental, además de física.

—¡Y tienes tus libros! —gemí frustrada.

¡Era verdad! Sara adoraba coleccionar libros de una amplia gama de temas que le interesaban. Su hobby de toda la vida, coleccionar y leer, le daba muchas horas de alegría y satisfacción. La valiosa biblioteca de Sara contenía tomos en turco, árabe, inglés, francés e italiano. Sus libros de arte, guardados en librerías especiales, eran preciosos. Sara había reunido también una magnífica colección de manuscritos antiguos sobre la edad dorada de los árabes. Yo sabía que si alguna vez un gran cataclismo dejaba a Sara sola en el mundo, ella sabría encontrar solaz en sus libros.

—¿De qué estás hablando, Sultana?

—¡Y tu marido nunca hace largos viajes! —El trabajo de Assad raramente lo apartaba de su casa—. ¡Assad te quiere más de lo que me quiere Kareem!

Sara estaba casada con el hermano de Kareem. Yo sabía que Kareem nunca me querría con la intensidad con que Assad adoraba a mi hermana. Aunque yo no envidiaba el amor de Sara y Assad, a menudo me invadía la tristeza deseando el mismo fervor por parte de Kareem.

—¡Sultana!

Entre sollozos de autocompasión, empecé a explicarme:

—Mis hijos casi son adultos, ya no quieren que su madre se meta en sus vidas. —Era cierto. Abdullah acababa de cumplir veintidós años, Maha tenía diecinueve y Amani diecisiete. De los seis hijos de Sara, tres eran lo bastante pequeños como para requerir su atención diaria.

—Sultana, por favor. Estás desbarrando.

—¡Nada ha salido como yo quería, Sultana! Ninguno de mis hijos depende ya de mí para nada... Kareem está más tiempo fuera que en casa... En el mundo hay innumerables mujeres como Munira pidiendo ayuda a gritos, ¡y yo no puedo hacer nada para ayudarlas! —Empecé a lloriquear como una histérica—. Para colmo, creo que me estoy volviendo alcohólica. —Enfrentándome por vez primera a la vacuidad de mi existencia, clamé—: ¡Mi vida es un fracaso!

Sara me envolvió en un cálido abrazo.

—Cariño, eres la persona más valiente que he conocido. Vamos, hermanita, cálmate...

De pronto acudió a mi cabeza la imagen de mi madre. Quise ser una niña otra vez, olvidarme de todas las decepciones de adulta. Quise retroceder en el tiempo. Entonces grité con todas mis fuerzas:

—¡Madre!

—Tranquila, Sultana. No llores más, por favor. ¿No sabes que nuestra madre está cerca, incluso ahora mismo?

Mis sollozos fueron menguando mientras miraba alrededor. Anhelaba ver otra vez a mi madre aunque su semblante sólo se me apareciese en sueños. Pero no pude ver nada, así que dije:

—Aquí no está.

Al rato, más calmada, le conté mi sueño a Sara. El dolor de la pérdida de mi madre era algo incurable.

—¿Lo ves? —dijo Sara—, tu sueño demuestra que tengo razón. El espíritu de mamá está siempre con nosotros. Sultana, yo también siento a menudo su presencia. Se me aparece en los momentos más extraños. Ayer mismo, mientras me estaba mirando en el espejo, la vi claramente detrás de mí. Sólo fue un momento, pero suficiente para saber que llegará un día en que todas volveremos a estar juntas.

Sentí una gran sensación de paz. Si Sara también la había visto, entonces quería decir que nuestra madre existía aún. Nadie que la conozca pone en duda la integridad de mi hermana.

Sara y yo nos quedamos calladas, recordando los días en que éramos dos inocentes niñas y la inconmensurable reserva de sabiduría, comprensión y amor de nuestra madre nos protegía de los peligros de la vida.

Al moverme en la cama, las dos botellas vacías cayeron al suelo. Los ojos de Sara las siguieron y luego me miraron a mí. Recordando el motivo de alarma que la había traído hasta mi lado, me sentí de nuevo terriblemente deprimida.

—Vas por un camino muy peligroso, Sultana —dijo Sara.

Me incorporé al tiempo que enroscaba un dedo entre mis cabellos. Al rato exclamé:

—¡Odio esta vida de ociosidad!

—Depende de ti cambiar esta situación. Debes hacerte responsable de tu propia felicidad. Te convendría ocupar tu tiempo en alguna cosa.

—¿En qué? ¡El velo se interfiere en todo lo que hago! —espeté—. ¡No me resigno a que hayamos tenido la mala suerte de nacer en un país que obliga a sus mujeres a ir amortajadas de negro!

—Creía que lo que te empujaba a la bebida era la soledad —observó lacónica Sara. Con los ojos semicerrados de cansancio, añadió—: ¡Tú serías capaz de discutir con el mismísimo Alá!

Llena de emociones desbordadas, e insegura de cuál era la causa de mi estado, la miré y encogí los hombros.

—Amani tiene razón, sabes. El profeta me ha maldecido. Y me temo que lo ha hecho muchas veces. ¿Por qué, si no, todas las cosas amargas me suceden a un tiempo?

—¡No digas tonterías, Sultana! Yo no creo que nuestro santo profeta pueda maldecir a una mujer desolada. ¿Es que buscas una vida sin problemas?

—*Inshallah!* [Si Dios quiere.]

—Esa vida no existe, hermanita. Todo el que vive tiene problemas... Incluso el rey tiene problemas que no puede resolver.

Sabía que estaba refiriéndose a la endeble salud de nuestro tío Fahd, el hombre que reinaba en Arabia Saudí. Con el paso de los años se había vuelto cada vez más frágil. Ahora era un hombre que lo tenía todo en la vida salvo buena salud. Uno de sus recientes contratiempos médicos había recordado a toda la familia nuestra condición mortal y el hecho de que todo el dinero y toda la ciencia médica moderna no podían frenar eternamente el avance inexorable de la muerte.

El tono firme de Sara me relajó.

—Sultana, debes aprender a soportar las penas de la vida sin buscar soluciones inadecuadas. —Apartó con el pie una de las botellas de whisky—. Te has convertido en esclava de un nuevo poder, un poder que amenaza con crearte problemas más serios que los que te empujaron a la bebida.

En ese momento expresé mi mayor temor:

—Si Amani se lo cuenta a Kareem...

Sara me cortó.

—Cuéntaselo tú primero. Además, no es bueno tener secretos con tu marido.

Miré fijamente a mi hermana. Sin asomo de rencor, me di cuenta de que su belleza y su virtud siempre me habían eclipsado.

Aunque habían ido a avisarla intempestivamente, Sara estaba impecable con su vestido de seda recién planchado y sus zapatos a juego. En torno a su delicado cuello lucía una exquisita ristra de perlas. Llevaba un peinado que le sentaba de maravilla; su cutis era perfecto; sus pestañas no necesitaban maquillaje de tan largas y espesas que eran.

Su matrimonio con Assad era ideal. Yo jamás le había oído levantar la voz a su marido ni quejarse de él. En muchas ocasiones había tratado de tentar a Sara para que me hiciera alguna confidencia que delatara las debilidades de su esposo, pero sin éxito. Yo gritaba, pellizcaba e incluso abofeteaba a mis hijos, pero jamás había visto que Sara perdiera el dominio con los suyos. Mi hermana era la madre de los seis hijos que Huda, la esclava de nuestra familia, había predicho muchos años atrás.

Aunque de vez en cuando surgía algún problema con Nashwa, la segunda hija, Sara siempre se mantenía firme. Había incluso establecido una cálida relación con la madre de Assad y Kareem, la impopular y difícil Noorah. Por añadidura, mi hermana era uno de los contados Al-Saud que nunca bebía alcohol ni fumaba cigarrillos. Ella no tenía secretos que ocultar a su marido.

¿Cómo podía una mujer tan intachable y perfecta llegar a comprender que a medida que me hacía mayor mis malos hábitos crecían en lugar de disminuir?

Era como si mi vida hubiera estado siempre imbuida de intrigas. La bebida era sólo uno de los muchos secretos que yo ocultaba a Kareem. Durante nuestro matrimonio, había mostrado de mí misma una imagen más halagadora de lo debido. ¡Incluso mentía a Kareem acerca de los kilos que había engordado recientemente!

No queriendo decepcionar aún más a mi hermana con nuevos datos sobre las flaquezas de mi personalidad, dejé de soltar todo lo que me venía a la cabeza y me apresuré a prometer:

—No volveré a beber, si así evito confesárselo a Kareem. Él no me perdonaría nunca.

—¿Ah, no? ¿Qué piensas que haría Kareem?

Forcé al máximo la verdad:

—Pegarme, tal vez.

Los negros ojos de Sara me miraron incrédulos.

—Tú ya sabes que a Kareem no le gusta la gente que no sabe dominarse. En el mejor de los casos, su amor por mí se enfriaría. —Agitó las manos.

—¿Y qué podemos hacer para acabar con este hábito? Las sirvientas me han dicho que cuando Kareem no está bebes hasta embriagarte.

Indignada, exigí saber:

—¿Quién ha dicho tal cosa?

—Reprime tu ira. Esa información fue fruto de una genuina preocupación por tu bienestar.

—Sí, pero...

Sara habló con firmeza y sin compasión:

—No pienso decírtelo.

Traté de pensar qué criada podía haberme espiado, pero con tantas mujeres en palacio no había forma de hacer a alguna objeto de mi ira.

Sara apretó los labios, pensando.

—Tengo una idea —dijo—. Pronto llegará el ramadán, y cuando eso ocurra no podrás comer, al menos durante el día. Y cuando Kareem no esté a tu lado, procuraré que Maha o yo te hagamos compañía. Será un momento ideal para vencer ese feo hábito. —Se inclinó hacia mí con una sonrisa—. Estaremos muchos ratos juntas. —Su voz estaba preñada de afecto—. Será como cuando éramos niñas.

Empecé a morderme las uñas, pensando en que el problema principal seguía sin resolver.

—Pero ¿cómo impediremos que Amani se lo cuente a Kareem?

Sara tomó la mano con que yo me había tapado la boca y la sostuvo entre las suyas.

—No te preocupes, hablaré con ella.

¡Me habían indultado! Sabía que si la amenaza de Maha no conseguía convencer a Amani, sin duda Sara lograría persuadirla de que no dijese nada a mi marido. Sonreí, sabiendo que bajo la mirada vigilante de Sara todo iría bien. Poco a poco, empecé a sentirme mejor.

Más calmada, pregunté al fin:

—Tengo hambre. ¿Quieres quedarte a comer?

Sara asintió con la cabeza.

—Telefonearé a casa para decir que me quedo un rato más.

Llamé a la cocina por el intercomunicador de palacio y pregunté al chef qué había de almuerzo. Contenta con la respuesta, expresé mi aprobación. Luego di instrucciones de que nos sirvieran la comida en el jardín pues las nubes de la mañana habían refrescado el día.

Después de lavarme las manos y la cara y haberme puesto un vestido, Sara y yo nos dirigimos a los jardines del palacio. Caminamos del brazo bajo una hilera de árboles frondosos que daban sombra y frescor. Nos detuvimos para admirar los arriates ahora repletos de capullos rojos y dorados. ¡La ilimitada fortuna de los Al-Saud, nos permite hacer cosas maravillosas como convertir un cuarteado desierto en un verjel!

La comida no había llegado aún, pero Sara y yo nos acomodamos en las sillas que rodeaban la mesa de cristal. Una marquesina daba sombra a la zona circundante.

Pronto llegaron tres sirvientas filipinas con bandejas de plata cargadas de platos. Mientras esperábamos que nos sirvieran, tomamos un poco de té caliente y hablamos de los planes para nuestros hijos. Una vez servidos los platos, charlamos y reímos mientras dábamos buena cuenta de un festín de ensaladas, albóndigas en salsa agria y pollo asado relleno de huevo duro y arroz.

Recordé las palabras de Sara sobre la proximidad del ramadán. Pensando en ello, me serví doble ración de algunos platos, sabiendo que dentro de poco debería abstenerme de comer entre el alba y la puesta del sol.

Mientras saboreaba la comida, mis pensamientos analizaron lo que me esperaba en esos días de sacrificio. Los musulmanes del mundo entero empezarían a mirar al cielo en busca de la luna nueva, pues a partir de ese momento habría llegado el tiempo del ayuno. Mi gran deseo era que, por primera vez en mi vida, fuese capaz de cumplir mis votos de musulmana.

EL DIABLO ENCADENADO

El ramadán es uno de los cinco pilares del islam y todo adulto tiene la obligación de observar su práctica. Dice el Corán: «¡Oh, tú, creyente! El ayuno está prescrito para ti como lo fue para quienes te precedieron, a fin de que aprendas a dominarte a ti mismo y a ser consciente de Dios...» (2:183)

Aunque yo respiro un poco mejor sabiendo que durante ese mes en concreto las puertas del cielo están abiertas y las del infierno cerradas, con el diablo encadenado e incapaz de crear maldad, la estricta dedicación al ramadán nunca ha encajado con mi peculiar carácter.

Siempre me ha poseído el profundo anhelo de ser tan devota como mi madre y mis hermanas, pero admito que en esto no he sido perfecta. Incluso de niña, cuando tuve la primera noticia de los rituales del ramadán, supe que inevitablemente me costaría cumplirlo. Por ejemplo, se me decía que debía imponer silencio a mi lengua y evitar la mentira, el lenguaje soez, la risa y la maledicencia. Debía hacer oídos sordos a cualquier cosa ofensiva. Mis manos no debían aspirar a la maldad, como tampoco mis pies. Si inadvertidamente dejaba que penetrara en mi garganta el polvo espeso o el humo denso, mi ayuno no se consideraría válido. No sólo debía abstenerme de comer y beber entre el alba y el ocaso sino que, incluso al enjuagarme la boca, ¡debía cuidarme mucho de no ingerir accidentalmente una sola gota de agua! Lo más importante era ayunar con el corazón, esto es, que toda preocupación mundana debía quedar excluida, mi mente sólo debía albergar ideas relacionadas con Alá. Por último, debía expiar cualquier acto o pensamiento que pudiera distraerme de pensar en Alá.

Desde que empecé a ayunar siendo una adolescente, con frecuencia me veía forzada a expiar mi incapacidad de someterme plenamente a las normas. El Corán dice que «Alá no te censurará por lo que de involuntario hay en tus juramentos, pero sí te censurará por los juramentos que hiciste con fervor. La expiación es, pues, alimentar con el promedio de lo que tú comes a diez necesitados, o vestirlos, o libertar a un esclavo...» (5:89).

Kareem y yo habíamos perdido la cuenta de las personas necesitadas a las que mi deficiente ramadán había proporcionado ropa y comida.

Mientras saboreaba mi segunda ración de postre con miel, me juré que, este año, asombraría a toda mi familia con mi leal adhesión al ramadán.

Cuando Sara regresó a su palacio, me dediqué a estudiar devotamente el Corán, esforzándome para el mes espiritual que se avecinaba.

Diez noches después una entusiasta proclama resonó desde la mezquita más próxima, comunicando a los creyentes que el ramadán estaba a punto de empezar. La luna nueva había sido vista por primera vez en una aldea de Egipto. Yo sabía que el mismo alegre mensaje se estaba escuchando en todos los rincones del mundo donde residiera un mahometano. Había llegado el momento de que los musulmanes se esforzaran por avanzar hacia un estado de perfección.

Hacía seis días que había empezado el ramadán cuando Kareem regresó a Riad para celebrar los rituales con su familia.

Cuando Amani le aseguró a su tía Sara que no diría nada a Kareem sobre mí y la bebida, me juré que jamás volvería a dar una oportunidad a mi hija de colgarme semejante soga al cuello.

Percibí un rayo de esperanza de que todo iba a ir bien.

Durante el ramadán todas las rutinas de la vida diaria se alteran. Nos levantamos al menos una hora antes de que amanezca.

Hacemos abluciones, recitamos versos del Corán, y oramos. Después tomamos el llamado *sahoor*, una comida previa al alba que normalmente consiste en queso, huevos, yogur o leche, fruta fresca y pan. Debemos procurar terminar esa comida antes de que despunte el día y la noche pierda su negrura. Luego, antes de que el sol haya salido del todo, volvemos a orar. Durante el resto del día estamos obligados a abstenernos de comer, beber, fumar y tener relaciones sexuales. Rezamos a mediodía y de nuevo a media tarde.

Tan pronto el sol empieza a retirarse del cielo, rompemos el ayuno bebiendo una pequeña cantidad de agua, zumo o leche. En ese momento rezamos esta oración: «Oh, Dios, he ayunado para tu contento. Oh, Dios, acepta mi ayuno y dame tu recompensa.» Sólo entonces podemos tomar alimentos sólidos. El desayuno habitual es a base de dátiles. Tras este ligero aperitivo, es el momento para las oraciones vespertinas y la cena.

Cada día, antes de la puesta del sol, los miembros de nuestra familia suelen reunirse en el palacio de Sara y Assad para relacionarse y compartir el banquete vespertino. El ambiente es siempre de celebración, puesto que nuestro temperamento suele mejorar por el hecho de haber triunfado en la práctica de nuestro autodominio.

El ambiente de fiesta aumenta a medida que el ramadán se acerca a su fin. Los musulmanes empiezan los preparativos del Aid el-Seguer, el festín de tres días que señala el fin del ayuno. Mientras que muchos devotos prefieren ese austero mes de búsqueda de la perfección, a mí siempre me ha encantado celebrar el Aid.

Como no tengo planes concretos para el ramadán, normalmente vivo con la hora cambiada y me quedo en vela toda la noche. Veo vídeos de películas americanas, leo el Corán o hago solitarios. Cuando Kareem se va a la oficina, me levanto muy tarde y descanso durante las horas en que siento más hambre o sed para no sentir tentaciones de romper mi ayuno. Siempre me preocupo de levantarme para los rezos del mediodía y luego a media tarde, momento en que mis súplicas suelen aumentar.

Durante este ramadán Sara compartió muchas horas conmigo, como había prometido hacer. Cuando ella no podía dejar a su familia, Maha ocupaba su puesto. Aunque por la tarde solía sentirme apática y hambrienta, sabía que pronto vendría la puesta de sol y que Kareem volvería a casa para llevarnos al palacio de Sara.

Conseguí no romper ningún voto hasta el decimonoveno día. Estaba orgullosa de no haber tenido una sola vez la tentación de picar alguna cosa, de beber un vaso de agua o fumar siquiera un cigarrillo. Y, lo más importante, había conseguido vencer mis ganas de beber alcohol.

Kareem y Maha me sonreían alentadoramente y me hacían cumplidos. Sara me felicitó cada vez que se le presentaba la ocasión. Incluso Amani se mostró más cálida conmigo. Nunca había llegado a estas alturas del ramadán sin deslizarme por la resbaladiza pendiente de los deseos incontrolados.

Creo honestamente que, por una vez, habría alcanzado la perfección total que con tanta ansia perseguía de no ser por Alí, mi odiado hermano.

Aunque conocía los sentimientos de sus hermanas hacia el matrimonio de Munira, Alí insistió en que Hadi y ella se sumaran a nuestra extensa familia en la decimonovena puesta de sol para romper el ayuno. La pareja acababa de llegar a Riad de su luna de miel en Marruecos.

Pero Hadi no era un hombre bien visto en nuestro círculo íntimo, y todos habíamos dado por hecho que él y sus cuatro esposas e hijos se reunirían con su propia familia para el rito diario. De modo que cuando Sara me dijo que Hadi y Munira iban a contarse entre sus invitados, supuse que seríamos testigos a la fuerza de la primera humillación pública de Munira. Furiosa ante la perspectiva, espeté:

—¡Cómo vamos a alegrarnos teniendo en la mesa a alguien como Hadi!

—Va a ser una velada difícil —concedió Sara mientras me frotaba la espalda—. Pero habrá que superarlo con elegancia.

Mis mandíbulas apretadas endurecieron mi voz.

—¡Hadi sólo se casó con Munira por una cosa! ¡Siempre ha querido inmiscuirse en la vida familiar de la realeza!

Sara levantó las manos al cielo.

—Nosotras no podemos hacer nada, Sultana. Está casado con la hija de nuestro hermano. Todo lo que hagamos contra Hadi caerá sobre la cabeza de Munira.

—Es como un chantaje —masculló.

Maha dijo algo al oído de Nashwa y las dos rieron. Sara y yo miramos a nuestras hijas. Mi voz sonó más irritada aún:

—¿De qué os reís?

Maha se ruborizó y, antes incluso de que abriera la boca, adiviné que iba a decir una mentirijilla.

—Hablábamos de una chica del colegio. Nada más.

—¡Hija! ¡No rompas tu ayuno por una mentira! ¿Has olvidado que es el ramadán?

—¿Nashwa? —La voz de Sara sonó más suave.

Nashwa se parecía en muchas cosas a Maha, pero le costaba más que a mi hija mentir a su madre.

—Sólo era una broma, madre.

—¿Ah, sí? Pues cuéntanosla para que nos riamos todas.

Nashwa miró incómoda a Maha y luego dijo:

—Es que... Maha quiere que le echemos una maldición a Hadi para que su miembro viril quede dormido para siempre.

—¡Niña! —Sara la miró estupefacta—. ¡Cómo se te ocurre pensar una cosa así! ¡Solamente Alá tiene ese poder!

Me molestó que Maha pudiera mentir tan bien y Nashwa no. Miré a mi hija con suspicacia. ¿Seguiría atraída por los trucos de la magia negra?

Maha empezó a encogerse viendo que yo la miraba. Hace cuatro o cinco años, Maha había sido sorprendida tratando de echar una maldición a su propio hermano. Pero creía que Kareem y yo la habíamos intimidado lo suficiente para que dejase de pensar en esas cosas. Tal vez no era así, me dije. Sabía que muchas de mis parientes reales creían en la nigromancia.

No compartí mis pensamientos con Sara, pero coincidí secretamente con ella en que la vida de Munira mejoraría sensiblemente si su esposo se quedaba impotente. A fin de cuentas, si tal cosa ocurría ella podría solicitar el divorcio. En Arabia Saudí, un hombre puede divorciarse de su mujer en cualquier momento sin aducir causa alguna, pero las mujeres no tienen esa suerte. No obstante, si un marido es impotente o no puede mantener a su familia, es posible, aunque complicado, que una mujer llegue a obtener el divorcio.

Cuando Hadi y Munira llegaron, lo primero que advertí fue la expresión desdichada de Munira. Me conmocionó tanto su deplorable estado físico que quise pegar a Hadi con todas mis fuerzas. En sólo un mes, Munira había perdido varios kilos, y su esqueleto podía verse a través de su piel.

Sara y yo nos miramos horrorizadas.

—No tienes buena cara, Munira —dijo mi hermana, poniéndose de pie—. Ven a sentarte.

Munira buscó la aprobación de Hadi.

¡Tan pronto, y el espíritu de la vida había desalojado ya su cuerpo! Hadi movió la cabeza y chasqueó la lengua queriendo decir que no. Obediente, Munira permaneció junto a su esposo. Hadi chasqueó los dedos y señaló a Munira. «Café.» Aunque el palacio tenía numerosos sirvientes dispuestos a complacer todos nuestros caprichos, Hadi quiso mostrarnos que tenía esclavizado a un miembro de nuestra familia. Percatándose de que las mujeres de su familia estaban pasmadas ante su desdicha, Munira enrojeció de vergüenza mientras miraba al suelo.

—¡Munira! —exclamó Hadi. Estaba ceñudo.

Ella fue a buscar el café a la cocina.

La mueca enfadada de Hadi se convirtió en otra de maligna complacencia. A todos se nos hizo insoportable su contemplación. Sara se puso en pie y miró alternativamente a Nura, a Hadi y de nuevo a Nura. No sabía qué postura tomar ante la grosería intencionada de Hadi para con su joven esposa. Aparte de la pobre Reema, todas las hijas de Fadeela tenían maridos respetables, y ni siquiera Saleem denigraba a Reema delante de toda la familia.

Justo cuando Munira volvía de la cocina con el café para Hadi, llegó Alí.

Mi hermano siempre ha tenido la facultad de provocarme. Aquella noche se arrimó como una serpiente a Hadi y tuvo el coraje de preguntarle si sus ejercicios conyugales le habían tenido tan ocupado como para no disfrutar de la voluptuosa belleza de las mujeres marroquíes. La cara de Munira pasó de roja a morada con los salaces comentarios de su padre.

Empecé a temblar de rabia. ¿No recordaba Alí que su hija era una muchacha tímida que sólo le pedía a la vida que la dejaran en paz? ¡No pude aguantar más! Mi hermano era una criatura infame que no merecía vivir. Me puse en pie de un brinco, dispuesta a todo.

Kareem, que había estado alerta, acudió a mi lado al ver la violenta inquietud que me corroía. Cogiéndome del brazo me obligó a ir hacia otra esquina del salón.

Sara y Nura se reunieron rápidamente con nosotros.

Alí puso cara de perplejidad cuando me pilló mirándole con furia. No sólo desconocía la compasión, ¡es que además era tonto! Realmente no tenía idea de hasta qué punto hacía daño a su hija con sus palabras. Para Alí, las mujeres eran propiedad de los hombres, posesiones cuyo bienestar no merecía un hueco en sus pensamientos.

Mis hermanas y Kareem me animaron a ir a descansar un poco a los aposentos de Sara. Habían sido testigos de muchos altercados entre Alí y yo y deseaban evitar una escena violenta que sin duda desluciría el banquete de la noche.

Yo dije que pensaba que Sara y Assad debían echar de su casa a Alí y a Hadi.

Nura tragó saliva y miró a Sara.

—Estamos en tu casa, Sara. Decide tú.

—Hemos de pensar en Munira —nos recordó ella con su apacible voz—. Si Hadi se enfada, eso irá en detrimento de ella.

Protesté con firmeza.

—Pero si no puede estar peor. Es la esclava de un hombre que disfruta torturando a las mujeres. Al menos, si nos metemos con él sabrá que su conducta no tiene la aprobación de la familia de su esposa.

Sin responder, Sara y Kareem me sacaron de allí y Nura se reunió con el resto de la familia. Mientras salíamos de la sala pude oír las risotadas de Alí y Hadi.

Después de convencerme de que un sueñecito conseguiría serenarme, Kareem y Sara me dejaron sola. Pero el sueño no llegaba, frenado por la imagen de la vergüenza de Munira. Empecé a dar vueltas, agitada por la idea de los sufrimientos que las mujeres padecían en nuestro país. Las saudíes no poseíamos más que nuestra alma, ¡y eso porque ningún hombre había ideado aún la manera de arrebatárnosla!

Cuando estaba a punto de cerrar los ojos, divisé una botella de vino sobre una mesita que había en un rincón. Aunque Sara no bebía, su marido estaba considerado un entendido en vino francés.

Me dije que necesitaba un trago, no una siesta. Nada acallaría mejor mis emociones que un buen vaso de fragante vino francés. Desde que Sara me había rescatado de mi estupor etílico, no había bebido una sola copa de alcohol. Conté mentalmente los días y las noches. En los últimos diecinueve días con sus noches, había estado más serena de lo que jamás soñé que podría estar.

Olvidándome por completo del ramadán, así como de mi promesa a Sara, retiré la colcha y fui como hechizada hacia la botella. Estaba casi llena. Mi mano la cogió con avidez. Luego busqué un cigarrillo. Aunque soy una fumadora empedernida, no había probado el tabaco desde antes del alba. Miré el reloj del lado de Assad. Faltaba aún otra hora para romper el ayuno, pero supe que no podría esperar tanto. Incapaz de encontrar lo que mi organismo ansiaba, salí del cuarto de Sara y crucé el pasillo hacia los aposentos de Assad. Seguramente allí habría cigarrillos.

En la alcoba de Assad encontré esparcidas aquí y allá varias cajetillas de Rothmans, una conocida marca extranjera. Sobre la mesita de noche había un encendedor de oro. Ahora que tenía lo que quería, pensé en buscar un sitio apartado para beber y fumar. En el cuarto de Sara no podía ser. Kareem y ella podían ir a ver si yo estaba descansando. Rápidamente, decidí ocultarme en el cuarto de baño de Assad.

Yo nunca había visto el baño de mi cuñado, pero no me sorprendí de sus grandes dimensiones. Agarré un vaso del lavabo antes de sentarme en un recargado escabel de terciopelo.

Con manos temblorosas, encendí mi primer cigarrillo del día. Una vez inundados mis pulmones con el placentero humo, llené un vaso de vino. Alternativamente fui probando el vino y el Rothmans de Assad. La vida, por un momento, volvió a ser tan buena como antes.

Y mientras estaba saboreando mis secretos tesoros, oí acercarse pasos. El terror de ser descubierta recorrió mi cuerpo como un electroshock. De un salto, me metí en la amplia ducha de Assad y cerré la cabina de cristal.

Demasiado tarde, me di cuenta de que había dejado abierta la botella al lado del banco. Mi cigarrillo seguía encendido, así que lo aplasté contra una baldosa de la ducha e intenté escampar el humo resultante.

La puerta rechinó un poco al abrirse. La forma de un hombre corpulento arrojó su sombra sobre la puerta de la ducha. Afortunadamente, el cristal de la puerta tenía grabados unos grandes cisnes negros. Atisbé entre los cisnes. ¡El intruso era mi hermano Alí!

Quién iba a ser.

Aunque no pude ver los detalles con claridad, cerré los ojos cuando mi hermano se levantó la *thobe*, se bajó el calzoncillo y empezó a orinar. Asqueada por el ruido de su micción, me llevé los dedos a los oídos. Tanto rato orinó Alí que empecé a pensar que esa cantidad de líquido no correspondía a alguien que hubiera observado el ayuno durante todo un día. Supe entonces que mi hermano se tomaba los votos del ramadán menos en serio de lo que aparentaba. Eso me dio una culpable satisfacción, y apenas pude aguantarme la risa al pensar en la reacción de Alí si yo decidía salir de la ducha.

Tras tirar la cadena, Alí permaneció unos momentos frente al enorme espejo. Se palmeó las mejillas, se mesó el bigote y las cejas y finalmente emitió varios ruidos de aprobación con los labios apretados. Yo casi no podía contenerme. Tuve que taparme la boca con las manos para no explotar de risa. Cuando Alí se disponía a salir del cuarto de baño, la botella llamó su atención. Se la quedó mirando un momento y luego fue resueltamente hacia ella... y la apuró hasta el final.

Luego leyó la etiqueta. «Sí, señor. Un buen año», comentó para sí antes de dejarla en la papelera y salir de la habitación.

Me sentí desfallecer. ¡Yo quería ese vino! Me eché a reír como una tonta ante lo absurdo de la situación, pero cuando me estaba secando las lágrimas de alegría, un desagradable pensamiento me asaltó. ¡En cuanto a abstinencia, Alí y yo éramos igual de hipócritas! Ni él ni yo éramos capaces de encadenar al diablo de nuestra alma.

Volví un tanto deprimida con mi familia. Una nueva humildad me hizo ser ahora más tolerante con Alí de lo que había imaginado esa misma tarde.

La pobre Munira no dijo esta boca es mía en todo el largo ágape. Estuvo sentada en silencio al lado de su marido mientras comía su pequeña ración de pollo y arroz.

Mis hermanas y yo intercambiamos numerosas miradas de preocupación. A pesar de lo que estábamos presenciando, no podíamos cambiar el destino de Munira. Todas temíamos que para Munira la vida no fuera más que una acumulación de grandes sufrimientos.

Estábamos atadas de pies y manos. Sólo Alá podía salvar a Munira.

EL *PARAÍSO PALACE*

Desde adolescente siempre he creído que los sueños, una vez soñados, nunca llegan a perderse. Pese a la desalentadora verdad de que el decimonoveno día del ramadán yo había roto mi ayuno fumando un cigarrillo y, lo más blasfemo de todo, bebiendo un vaso de vino, seguía soñando con alcanzar la santidad musulmana al mismo nivel que mi madre y mis hermanas. Tenía la esperanza de que, pese a mis defectos, aún podía ser una persona recta. Decidí que no había necesidad de añadir humillación a mi fastidio confesando mi falta al resto de la familia. En cualquier caso, no me cabía duda de que Dios había sido testigo de mi pecado y, para mí, eso era ya vergüenza suficiente. Mi única esperanza era que mi madre hubiera estado tan ocupada con su vida espiritual que la deshonrosa conducta de su hija en la tierra le hubiera pasado inadvertida.

Kareem era otra cosa. Un día antes del fin del ramadán viajamos juntos al palacio que teníamos en Jidda, a orillas del mar Rojo. A última hora de la tarde, yo estaba en el jardín con mi marido y mis hijas cuando noté que Kareem me observaba. Se le veía tan pensativo que empecé a sentirme nerviosa. ¿Habría faltado Amani a su promesa? ¿Le habría hablado de mi embriaguez cuando él estaba en Japón?

Tenía ganas de preguntarle qué pensaba, pero temí que el

asunto de su introspección pudiera ser algo que yo no querría tratar. Al oír la voz de Kareem di un respingo.

—Sultana —dijo con una sonrisa—, quiero que sepas que estoy muy orgulloso de ti.

Este cumplido me desconcertó pues yo esperaba una crítica. Me quedé mirándole sin decir nada. ¿Qué pretendía?

Repitió «Sí, muy orgulloso» y luego me miró con tanto cariño que pensé que vendría a besarme. Pero como la conversación tenía lugar en las horas diurnas y aún estábamos en el ramadán, Kareem sólo me acarició las manos.

Perpleja, se me ocurrió farfullar:

—¿Orgulloso?

—Sí, mi vida. —Su sonrisa se ensanchó—. Sultana, desde que nos casamos he podido ver cada año cómo luchas para pasar el ramadán. Sé que para ti respetar el ayuno es mil veces más difícil que para una persona corriente.

Sonreí como una tonta, sin saber qué hacer. Aunque había decidido que era mejor no confesar mi fracaso en guardar el ayuno, me sentí abrumada de culpa de aceptar felicitaciones por una imaginaria proeza. Todo el peso de mi conciencia cayó de pronto sobre mi corazón. Sabía que tenía que decirle la verdad a mi marido, por más desagradable que ello pudiera ser para ambos.

—Pero, Kareem...

—No protestes, Sultana. Tu recompensa será grande por ser fiel a tus votos.

—Kareem, yo...

—Querida, hace tiempo me di cuenta de que Alá hace a unos más alegres que a otros, y estoy seguro de que así lo quiere Él por algún propósito. Aunque esas personas pueden causar alborotos, muchas veces es bueno que así ocurra. —Sonrió dulcemente al mirarme—. Y tú eres una de esas personas, Sultana.

—No, no, Kareem, he de decirte que...

Él puso un dedo sobre mis labios.

—A menudo pienso que tú sientes más que cualquiera de las personas que conozco, y que tus sentimientos profundos te deparan a veces un gran sufrimiento.

—Kareem, escucha por favor...

66

Maha me interrumpió.

—Padre tiene razón. Serás ampliamente recompensada por vencer tu deseo de placeres terrenales. —Maha miró a su padre—. Yo también estoy orgullosa de mamá.

—¡No! —exclamé—. ¡No lo entendéis! ¡No es como pensáis! ¡Necesito expiar! —En ese instante sentí que por fin tenía valor suficiente para explicar las razones de mi desesperado deseo de enmendarme, de confesar que yo era menos pura de lo que ellos creían.

Pero Amani escogió ese preciso momento para burlarse de mí.

—¿Alabáis a alguien por hacer lo mínimo que se exige a cualquier musulmán?

Haciendo caso omiso, Kareem preguntó con perplejidad:

—¿Expiar? ¿Por qué, Sultana?

Pero yo no estaba dispuesta a confesar mis defectos delante de alguien como Amani. Dejé escapar el aire lentamente antes de decir:

—Todavía he de purgar antiguos pecados.

Me sentí culpable al ver que los ojos de Kareem brillaban de afecto. ¿Cómo había caído yo tan bajo? Agaché la cabeza y dije entre dientes:

—Como sabes, siempre he sido una pecadora.

Ahora le estaba manipulando, ¡razón de más para sentirme culpable! Estaba convencida de que Dios me castigaría severamente por prolongar aquel engaño. Hice un callado pero sincero juramento de que sólo esperaría a que Kareem y yo estuviésemos a solas para enderezar las cosas. Lo confesaría todo. Entonces pensé en mi madre. Suspiré y, sin querer, dije en voz alta:

—Ojalá estuviera aquí mamá.

Amani declaró con despecho:

—Sólo los débiles son incapaces de aceptar la voluntad de Dios.

La miré largamente con resignada infelicidad.

Ella abrió la boca como para insultarme de nuevo, pero Kareem le dirigió una mirada de reproche.

—¿Estamos casi al final del ramadán, Amani, e insultas a tu madre?

Eso impidió que Amani siguiera hablando.

De pronto, una voz melodiosa nos llegó desde el altavoz de la mezquita cercana anunciando que la luna nueva del mes del *shawwal*, el décimo de la hégira, había sido vista y confirmada. ¡El ramadán había concluido! La celebración del Aidel-Seguer podía dar comienzo. Expresamos nuestra alegría abrazándonos y congratulándonos unos a otros, cada cual pidiendo a Dios que nos conservara la salud hasta el próximo ramadán.

Había llegado el momento más deseado por mí, aunque mi júbilo estaba atemperado por la certeza de que aún no había cumplido mi expiación.

El Aid, la fiesta más especial del islam, dura tres días y se caracteriza por una variedad de actos oficiales, como fuegos artificiales, recitales poéticos, teatro, concursos de pintura y conciertos de música folklórica. La gente visita a sus amigos y parientes y se hace regalos.

Lo festejamos toda la noche hasta que empezaron a aparecer en el horizonte los primeros rayos de sol. Así pues, no tuve oportunidad de confesar mi pecado a Kareem.

A la mañana siguiente, no despertamos hasta bien entrado el mediodía. Mientras estaba en la cama, procuré cobrar arrestos para contarle la verdad a mi esposo, pero cuando él terminó de vestirse me recordó que estaría casi todo el día en el palacio de nuestro amado rey Fahd. Kareem estaba ya tan absorto pensando en las tradiciones del Aid que creí mejor dejar nuestra charla hasta más tarde.

El dilema, sin embargo era que tanto si confesaba como si no era preciso expiar mi falta. Y tenía que hacerlo antes de empezar la ronda de visitas y regalos.

Justo cuando Kareem se disponía a marchar, corrí hacia él y le tomé del brazo.

—Cariño, ¿lo has olvidado? Este año siento grandes deseos de alimentar a muchos pobres. —Le tiré de la manga—. Más que en años anteriores.

Kareem sonrió.

—¿He de alimentar a más familias pobres que cuando te comiste todo aquel plato de *maamool bel tamur*? [Pastas rellenas de dátiles.]

Enrojecí como un tomate.

—Sí —dije mordiéndome el labio.

Ese humillante incidente había ocurrido dos años atrás durante el ramadán. Nuestros cocineros habían invertido horas en mezclar las especias, la harina y los dátiles para las pastas que nuestra familia disfrutaría tras la cena. Durante la mañana, el aroma de aquella deliciosa mezcla había invadido todo el palacio, haciéndome babear de ganas de probar aquel postre delicioso. Estaba tan hambrienta que perdí la cabeza y me pasé el resto del día pensando en dátiles.

Aquella tarde, cuando estuve segura de que todo el mundo descansaba en sus habitaciones, me colé en la cocina. Estaba tan concentrada en la idea de probar aquellos dulces que no advertí la presencia de Kareem. Escudándome en la puerta del frigorífico, empecé a dar cuenta de las pastas.

Él observó en silencio mientras yo continuaba mi voraz escaramuza. Después me diría que al ver cómo desaparecía en mi boca el primer pastelillo, decidió que lo mejor era dejarme satisfacer mi apetito, pues el pecado de comer muchas pastas era el mismo que el de comer una sola.

La maliciosa sonrisa de Kareem se ensanchó al ver que me dolía recordar el incidente.

—Mira, Sultana, no creo que haya necesidad de alimentar a tantas familias como hice el año pasado cuando te fumaste más de un paquete de cigarrillos. ¿Me equivoco?

—¡Basta, Kareem! —Me di la vuelta malhumorada—. ¡No me tomes el pelo!

Pero él prosiguió.

—Sí, te descubrí acurrucada en un armario y rodeada de colillas. —Se rió sin mala fe, con ternura—. Dime, Sultana, ¿qué pecado has cometido esta vez?

Dios me daba al fin la oportunidad que había estado pidiéndole, pero me dije que esta mañana no había tiempo para confesiones.

—¡Yo no he hecho nada! —afirmé—. Simplemente quiero compartir nuestra fortuna con los menos afortunados.

Él me miró escéptico.

—¿Acaso nuestra buena suerte no nos obliga a ser generosos? —pregunté.

En sus prisas por ir al palacio del rey, Kareem me tomó la palabra.

—Está bien, Sultana. Diré a Mohammed que compre suficiente comida para treinta familias necesitadas. ¿Bastará eso para redimir tus pecados?

—Dile que les compre ropa también —me apresuré a añadir.

Mohammed era un leal empleado egipcio. Él no comentaría con el resto de la servidumbre que estábamos haciendo semejante expiación.

—Y también ropa —concedió Kareem.

Suspiré aliviada. Mientras que quien incumple un juramento se expone al castigo de alimentar a diez necesitados, yo me decía que alimentar y vestir a treinta familias pobres sería más que suficiente para redimir mi pecado de romper el ayuno y beber vino.

Después de irse Kareem hice venir a Libby, una de mis sirvientas filipinas, y le dije que me preparase el baño. Me sentía feliz por haberme reconciliado tan fácilmente con Dios gracias a la caridad, y me puse a cantar baladas árabes mientras me bañaba.

Cuando terminé de maquillarme y perfumarme, mi peluquera egipcia arregló mis largos cabellos negros en un complicado peinado a base de trenzas, que sujetó con costosas horquillas que yo había comprado recientemente en Harrod's de Londres. De entre los muchos vestidos de mi armario escogí un modelo de Christian Dior, un precioso vestido de raso rojo.

Satisfecha de mi imagen en el espejo, pregunté si Maha y Amani estaban listas pues yo quería iniciar la fiesta del Aid visitando a varios parientes por la tarde.

Observé con atención mientras tres sirvientes cargaban los muchos regalos que mis hijas y yo íbamos a hacer en el maletero de nuestro Mercedes nuevo. Las elegantes cajas de regalo contenían delicados bombones en forma de mezquita, pañuelos de seda bordados en hilo de oro, frascos del mejor perfume francés, colonias y collares de perlas.

¡Yo sabía muy bien adónde quería ir primero!

El año anterior un excéntrico primo nuestro del que no sabíamos gran cosa había construido un majestuoso palacio que yo me moría de ganas de visitar, pues había oído contar de él historias fantásticas.

Faddel, el primo en cuestión, había gastado al parecer increíbles sumas de dinero para erigir un palacio rodeado de jardines que se pareciera todo lo posible al paraíso: el paraíso celestial como se describe en nuestro Corán.

El Corán explica con detalle la gloria y el placer que esperan a quienes honran a Dios llevando una vida de buen musulmán. Las almas pacientes y sumisas pueden tener por seguro que pasarán la eternidad en un vasto y frondoso jardín regado por agradables arroyos, ataviadas con sedas y joyas. Estas almas pasarán el tiempo reclinadas en divanes y comiendo la comida más exquisita. El vino no estará prohibido como aquí en la tierra, sino que apuestos criados lo servirán en copas de plata.

Al varón musulmán que tenga la suerte de llegar al paraíso, aún le espera otra recompensa. Seductoras vírgenes, jamás tocadas por ningún otro hombre, satisfarán todas sus necesidades y deseos sexuales. Cada hombre poseerá setenta y dos de estas hermosas vírgenes.

También las mujeres devotas entrarán en el paraíso; se dice que su mayor placer consistirá en recitar los versos del Corán y experimentar el supremo éxtasis de contemplar el rostro de Alá. Alrededor de ellas habrá niños que no llegaron a crecer. Como es lógico, puesto que las mujeres musulmanas no tienen deseos sexuales, no necesitarán pareja en el paraíso.

Aunque sentía una gran curiosidad acerca de cómo había logrado el primo Faddel emular el paraíso aquí en la tierra, también tenía una corazonada. Por algún motivo, mi corazón me decía que no fuera a ese palacio, que volviera a casa. Pero yo desoí la advertencia.

A nuestra llegada al *Paraíso Palace*, como una de nuestras primas lo había bautizado burlonamente, nuestro chófer se encontró con que la verja de hierro estaba cerrada. No se veía al guarda por ninguna parte. El chófer fue a buscarlo, y volvió diciendo que por la ventana de la caseta había visto dos pies descalzos asomando bajo la silla del guarda.

Ordené al chófer que aporreara el cristal. Finalmente, un adormilado yemení despertó y nos abrió la verja y, por fin, pudimos entrar.

Aunque el camino particular estaba hecho de muchas y costosas piedras pulimentadas que brillaban al sol, el recorrido en automóvil era muy accidentado. Lo observé todo con interés mientras pasábamos bajo las espesas ramas de una arboleda, al final de la cual pudimos contemplar un panorama de extraordinaria belleza.

El palacio de Faddel no era, como yo había esperado, un edificio grande, sino una sucesión de prístinos pabellones blancos. Habría unos quince o veinte pabellones idénticos con ondulantes tejados azul celeste dispuestos en círculo en torno a un pabellón más grande. La vista era imponente.

La hierba que circundaba los pabellones formaba una exuberante alfombra verde. Vistosos arriates de flores raras estaban artísticamente situados por todo el recinto. La mezcla de colores de los pabellones blancos, los tejados azules, la hierba verde y los vívidos tonos de los capullos florales formaba una inspirada y hermosa composición.

—Mirad, hijas —dije—, esta hierba es tan verde como mi collar de esmeraldas.

—¡Hay más de diez pabellones! —exclamó Maha.

—Dieciocho —dijo Amani, cortante.

—Mira —dije, señalando a un rótulo dorado con letras verdes que rezaba SEMENTALES—. Hay un camino que va a la caballeriza.

Me sorprendía que el Faddel que yo conocía tuviese caballos. Por más que muchos de mis primos compraban y criaban caballos caros, yo nunca había oído decir que a Faddel le interesasen esos animales.

Amani se inclinó hacia mí para mirar el rótulo, pero no dijo nada.

Nuestro chófer siguió por la serpenteante calzada que nos dejó al pie de una impresionante arcada de mármol blanco. Ésta debía de ser la entrada al pabellón grande. Un apuesto portero egipcio abrió la puerta del Mercedes y nos dio la bienvenida para luego apresurarse a abrir la enorme puerta de doble hoja que daba a una amplia recepción. El portero permaneció en pie mientras nuestro chófer sacaba los regalos que yo había seleccionado para este primo y su esposa.

Una vez supe que tenía en mis manos los paquetes adecuados, fui hacia el vestíbulo seguida de mis dos hijas. Nos recibió en un árabe perfecto una encantadora joven asiática que se presentó como Layla. Nos sonrió muy amable al darnos la bienvenida como los primeros invitados de la jornada y nos dijo que su señora —nuestra prima Khalidah— vendría enseguida. Mientras tanto, ella nos acompañaría a la residencia principal.

Caminando detrás de Layla, fui tomando cuidadosa nota de cuanto asombraba a mis ojos, pues ninguna de mis hermanas, ni siquiera Kareem, había estado nunca en este *Paraíso Palace*.

Nos condujeron por un amplio corredor cuyas paredes estaban cubiertas de una seda amarillo claro con exquisitos estampados florales. La alfombra, que se hundía bajo nuestros pasos, presentaba muchos dibujos de flores exóticas y pájaros de colores abigarrados.

Amani le preguntó a Layla de improviso:

—¿Dónde guardáis los pájaros que he oído antes?

Fue entonces cuando percibí un lejano coro de trinos.

—Lo que escuchan es una grabación —rió Layla. Su voz sonaba tan plácida y melodiosa como el canto de los pájaros—. El señor insiste en que todos los sonidos que se oyen aquí deben ser agradables.

—Ah —dijo Amani.

¿El señor?, pensé para mí. ¿El primo Faddel?

Maha empezó a preguntar cosas a la joven asiática, que era de su misma edad. Supimos que Layla llevaba cinco años trabajando en Arabia Saudí para Faddel y su esposa Khalidah. Añadió con orgullo que con su sueldo podía mantener a su numerosa familia que vivía en Colombo, la capital de Sri Lanka.

Amani se mostró brusca al hacer la pregunta que yo no me atrevía a formular.

—¿Cómo es que tienes un nombre árabe, Layla?

La joven sonrió otra vez.

—No soy hindú, sino musulmana. Mi familia desciende de

marineros árabes. —Hizo una pausa antes de agregar—: En este paraíso sólo pueden entrar musulmanes, claro está.

Maha me dio un codazo disimulado, pero yo conseguí no alterar mi expresión.

El corredor se abría a una inmensa habitación circular. Columnas ornamentales, muebles lujosos, arañas de cristal, tapices de incalculable valor, enormes espejos y elegantes paneles de cerámica conformaban un impresionante efecto de conjunto.

Varios divanes bajos, tapizados con sedas de suaves colores, habían sido alineados bajo unas ventanas abovedadas compuestas de intrincados triángulos de vidrio de color que describían escenas de famosos guerreros árabes en plena batalla. Un agua limpia y transparente manaba de una fuente de plata. En mitad de las mesas de caoba con taracea hecha en nácar había jarrones de porcelana china. Un piso de azulejo resplandecía bajo los bordes de las gruesas alfombras persas.

Al mirar hacia arriba vi una cúpula majestuosa que parecía perderse en el cielo. El techo estaba pintado para dar la ilusión de unas nubes vaporosas contra un cielo del más puro azul. El efecto quitaba la respiración.

No pude negar que mi primo había construido el edificio más sobrecogedor de cuantos yo conocía. De momento, este palacio impresionaba más que cualquiera de los construidos por el propio rey.

Desde luego, me dije, Faddel ha conseguido lo que se proponía. El paraíso no puede ser más bello que esta morada.

Layla hizo sonar una pequeña campana y anunció que nos servirían un refrigerio. Luego partió para informar de nuestra llegada a la señora.

Tomé asiento en uno de los divanes y palmeé el sitio que quedaba libre a mi lado.

—Ven a sentarte conmigo en el paraíso —bromeé.

Maha rió y vino a sentarse.

Amani nos miró con dureza al decir:

—El paraíso no es cosa de guasa. —Examinó la sala con aire de desaprobación—. Además, demasiado sol hace desierto.

Volví a mirarlo todo con aire más crítico. Amani tenía razón.

El palacio de Faddel era demasiado perfecto, demasiado bonito. Cuando la vista no ve otra cosa que perfección, ésta acaba perdiendo su poder de asombrar.

En ese momento entraron cuatro muchachas. Una traía platos de cristal y servilletas pulcramente dobladas; otras llevaban en alto grandes bandejas de cobre repletas de comida. Yo escogí unas almendras azucaradas, mientras Maha se llenaba el plato de canapés, quesos, higos y cerezas.

Como no era de extrañar, Amani rehusó toda muestra de hospitalidad.

Las sirvientas eran filipinas extraordinariamente primorosas y bonitas. Contemplando a aquellas cuatro muchachas de increíble atractivo, me di cuenta de que Faddel debía de estar obsesionado con la belleza. Parecía querer rodearse únicamente de personas, objetos y paisajes hermosos. Por lo visto, había llegado a la conclusión de que la gente físicamente fea no era bien vista en el paraíso. Casi reí en voz alta cuando pensé que si el criterio para entrar en el edén era la belleza, Faddel quedaría excluido de él. Dios no le bendijo con la apostura.

Amani me dio un susto cuando corrió hacia la ventana y se puso a chillar.

—¡Mirad, hay una familia de gacelas en el césped!

En efecto, había cuatro gacelas. ¿Acaso Fadeel tenía un zoológico?

—Después le diremos a Khalidah que nos enseñe los jardines —le prometí—. Quizá podrás ver otros animales.

—Yo quiero ver los caballos —dijo Amani con firmeza.

—Y los verás, hija.

Oí un frufrú de sedas y al levantar los ojos divisé a Khalidah entrando en la habitación seguida de Layla. No había visto a mi prima en años, pero su hermosura no había menguado. A la luz de la evidente preocupación de Faddel por todo lo bello, me alegré por ella de que aún estuviera de buen ver. En caso contrario, su marido ya se hubiera divorciado.

Khalidah llevaba un vestido cubierto de diminutas perlas blancas, en un tono de verde que realzaba a la perfección su cabello castaño y sus ojos de color ámbar, salpicados de purpurina. Su cutis claro estaba a mi gusto excesivamente maquillado, pero eso no disminuía el impacto de sus encantadoras facciones.

Me levanté y fui a abrazarla.

—¡Sultana!

—¡Khalidah!

Una vez completados nuestros deseos de paz y el agradecimiento a Alá por mantenernos con buena salud, Maha presentó nuestros regalos a Khalidah.

Ésta nos dio profusamente las gracias y dejó a un lado los regalos. Luego, levantando tres paquetes de una mesa repleta de presentes, dijo a Layla que los llevara a nuestro chófer. Ya los abriríamos después, nos dijo, cuando estuviéramos en casa.

Khalidah pidió disculpas por estar sola, explicó que su marido y sus seis hijos varones habían ido a visitar el palacio de un amigo, pero que volverían pronto. Milagrosamente, Khalidah únicamente había parido hijos varones y, sólo por esa hazaña, era muy envidiada y admirada.

La señora estaba ansiosa por enseñarnos su casa, y mis hijas y yo la seguimos por el vasto complejo de pabellones. Cada uno de ellos consistía en un reducido número de habitaciones, todas decoradas con tesoros de inconcebible belleza. Mi cabeza pronto empezó a perder la cuenta de los detalles que Khalidah nos iba dando sobre los pisos de mosaico, los murales y las pinturas de los techos.

Al poco rato ya tenía ganas de huir de aquella profusión de bañeras de alabastro, jarrones enjoyados y tapicerías de seda. Necesitaba aire y espacio, y propuse que saliéramos.

—He oído hablar muy bien de tus jardines.

—Oh, por supuesto —concedió amablemente Khalidah—. Vayamos a sentarnos al jardín.

—¿Y los sementales, madre? —me recordó Amani.

Khalidah reaccionó de forma extraña a esa petición. Pese a su pródigo maquillaje, su cara palideció repentinamente. La voz le tembló al decir:

—Bueno, eso es terreno de los hombres, Amani.

—A mí me gustan los caballos y no soy un hombre —dijo Amani, indignada.

—¡Amani! —la reprendí, mirando a Khalidah con cautela—. Hemos de hacer otras visitas. Hoy sólo veremos el jardín.

Mi prima y yo no nos conocíamos muy bien, pero sabía que pocas personas estaban acostumbradas a niñas tan rebeldes como Amani.

—Bien, vayamos al jardín —dijo Khalidah, haciendo caso omiso de la rudeza de mi hija.

Maha dijo que tenía que ir al baño y que enseguida volvía. Layla había regresado de su recado y la acompañó.

Reparé en que los labios de Amani formaban un feo puchero de rabia. Mientras caminaba a mi lado, le pellizqué el brazo en señal de que debía contener la lengua.

Khalidah nos condujo por un ancho camino de guijarros bordeado de setos. Divisamos los jardines mucho antes de llegar y, como yo había esperado, resultaron exquisitos. Todo el perímetro estaba bordeado de árboles, en cada esquina crecían arbustos y flores. Pudimos oler el fuerte perfume de los capullos cuando aún no habíamos llegado al jardín. Unos plantíos en bancal dieron paso a pequeños estanques repletos de peces exóticos y, más allá, pequeños arroyos de hermosa construcción nos rodearon con el suave murmullo del agua.

Yo estaba realmente encandilada. Me llamó la atención un recargado mirador.

—¿Podemos sentarnos?

—Desde luego, lo que tú quieras.

Cuando me disponía a sentarme, Amani lanzó un grito. Había visto cerca unas jaulas con pájaros. Seguí la dirección de su mirada. De las ramas de cada árbol colgaban pajareras excesivamente abarrotadas. Amani fue corriendo hacia allá.

—Tenéis muchos pájaros, Khalidah —dije, intranquila, sin dejar de mirar a Amani, que iba de una jaula a otra como una posesa.

Khalidah parecía hipnotizada por la pequeña figura de Amani corriendo por el jardín.

—Pues sí —dijo—. Faddel cree que el paraíso está lleno de pájaros cantores.

Pese a la distancia, noté la furia en los ojos de Amani.

—¡Amani! —llamé—. Vamos, ven con nosotras, cariño.

Con los puños cerrados, Amani corrió hacia Khalidah y se puso a gritar:

—¡Esas jaulas son demasiado pequeñas! ¡No hay comida ni agua suficiente!

Khalidah se quedó sin habla ante la grosería de mi hija.

—¡Amani! —la reprendí—. ¡Haz el favor de disculparte!

Las lágrimas le humedecían el rostro.

—¡Algunos están muertos!

Miré a Khalidah e intenté suavizar la situación.

—No hagas caso de Amani. Mi hija siente fascinación por todos los animales.

Amani me miró con desdén, como si la hubiera traicionado.

—¡Las jaulas son demasiado pequeñas! —repitió—. ¡No hay comida suficiente!

—¡Basta, Amani! ¡Te ordeno que pidas disculpas!

En un intento de aplacar a mi hija, Khalidah balbució:

—Pero querida, en el paraíso hay muchos pájaros.

Amani gritó con tal fuerza que las venas de su frente y su cuello se marcaron.

—¡En el paraíso las aves son libres!

Khalidah se llevó las manos al cuello. Amani empezó a ponerse histérica:

—¡Las aves del paraíso vuelan en libertad! ¡Es una crueldad tenerlas confinadas así!

—¡Amani! ¡Basta ya! —Fui hacia ella dispuesta a hacerla entrar en razón. No podíamos quedarnos más tiempo allí.

Khalidah dijo desesperada:

—Pero, Amani, estoy segura de que en el paraíso hay aves.

Amani la miró con verdadero odio. Su voz estaba colmada de desprecio cuando le espetó:

—¡Nunca lo averiguarás! ¡Tus malvados ojos jamás verán el verdadero paraíso!

Abrumada por tan inesperada agresión verbal, Khalidah perdió el conocimiento. Amani aprovechó la ocasión y corrió de jaula en jaula soltando a los pájaros allí encerrados.

Mientras me arrodillaba para tratar de levantar a Khalidah, Maha llegó corriendo presa de una gran agitación.

78

—Madre —dijo con indignación—, ¿sabías que el primo Faddel tiene presas a un grupo de chicas? ¡Tiene un harén de muchachas! ¡Están cautivas en uno de los pabellones!

Alarmada y estupefacta, la miré sin saber qué decir. Fue entonces cuando Maha reparó en Khalidah, tendida en el suelo.

—¿Qué le ha pasado?

Me sorprendió mi propio tono de serenidad:

—Amani la ha insultado. La prima Khalidah se ha desmayado. —Señalé hacia el palacio—. Vamos, corre a buscar ayuda.

—Pero ¿y esas pobres chicas?

—¡Calla, Maha! Nos ocuparemos de eso después. —Miré a Khalidah y me consoló ver que aún respiraba—. ¡Vamos! —ordené a Maha—. ¡Ve a buscar ayuda enseguida!

Ella corrió hacia el palacio llamando a Layla.

En medio de la confusión vi que Amani salía del jardín con los brazos cargados. Tardé unos instantes en comprender que mi hija se estaba apropiando de las jaulas de Faddel.

—¡Oh, Alá! —exclamé, y luego—: ¡Amani! ¡Amani! ¡Vuelve!

Agarrando tantas jaulas como le era posible, Amani se perdió de vista.

AVES DEL PARAÍSO

Una vez oí decir que de nuestras vidas no recordamos días sino momentos. Sé que es verdad, pues yo misma he vivido esos momentos cumbre.

La desesperación, sin embargo, se apoderó de mí mientras sostenía la cabeza de Khalidah en mi regazo, a la espera del regreso de Maha. Impotente, no podía ver otra cosa que el pequeño cuerpo de Amani yendo y viniendo por el jardín en su saqueo de jaulas repletas de pájaros cantores. ¡Fue un momento que jamás olvidaré!

Maha regresó por fin acompañada de Layla. Las seguían tres egipcios. Pensé que eran sirvientes de Faddel.

Layla ya había sido alertada por Maha del desmayo de Khalidah, así que corrió a ayudarme en mis hasta entonces inútiles esfuerzos de revivir a su señora. Los tres egipcios observaron inquietos en torno a la flácida figura de Khalidah.

Mientras, Amani proseguía su labor de vaciar el jardín del paraíso de toda criatura con alas. Afortunadamente, los empleados de Khalidah estaban tan preocupados por el estado de su señora que no advirtieron el frenético quehacer de mi hija.

Khalidah abrió por fin los ojos y al ver mi cara a unos palmos de la suya, gimió y se desmayó otra vez. Esto se repitió tres veces, después de lo cual decidí que lo mejor era llevar a Khalidah a la cama. Me puse de pie y di instrucciones a los criados.

—Rápido, levantad a la señora y llevadla al palacio.

Los tres egipcios se miraron preocupados y luego retrocedieron. Sus miradas les delataban; vi que me tomaban por loca. Al final, el más bajo de ellos se atrevió a decir.

—Está prohibido, señora.

Allí de pie, con la pobre Khalidah a mis pies, comprendí que a aquellos hombres les repelía la mera idea de tocar a Khalidah; su señora, cierto, pero una mujer al fin y al cabo.

Muchos fundamentalistas islámicos creen que todas las mujeres son impuras, y que si tocan siquiera la mano de una mujer a la que no están vinculados legalmente, el día del Juicio se les aplicarán ascuas al rojo a sus manos.

Puesto que se dice que Mahoma rehusó tocar ninguna mujer que no le perteneciese, existen muchos *hadihts* o interpretaciones de las palabras del profeta a ese respecto. Una de las más populares es «Un hombre puede interrumpir sus plegarias si una de estas tres cosas pasa por delante suyo: un perro negro, una mujer o un asno.» En más de una ocasión he oído a mi propio padre diciendo que preferiría ser pisoteado por un cerdo a rozar el codo de una mujer que no conozca.

Sin pensarlo, me precipité hacia los dos que tenía más cerca y les agarré del brazo.

—¡Llevad a la señora al palacio! ¡Ahora mismo!

Muertos de miedo, trataron de zafarse de mi presa. Puesto que cada uno de ellos tenía más fuerza que una mujer menuda como yo, rápidamente consiguieron soltarse. Con un gesto de repulsión en sus caras, ambos se agacharon y empezaron a frotarse con arena allí donde yo les había tocado.

Esa reacción me puso furiosa. Aunque soy consciente de que el Corán dice que si un hombre toca a una desconocida y no puede encontrar agua con que lavarse puede usar tierra limpia para descontaminarse del contacto, no por eso me sentí menos ofendida.

Layla intervino muy a tiempo.

—Esperad —dijo—. Tengo una idea. —Y volvió corriendo al palacio.

Miré hacia Khalidah y le palmeé las mejillas al tiempo que pronunciaba su nombre. Ella no reaccionó, pero cuando volví ligeramente la cabeza para dirigirme a Maha, vi que me miraba con ojos entreabiertos. Era evidente que Khalidah fingía estar inconsciente para salvarse de responder a las acusaciones de Amani y, ya de paso, ser objeto de gran compasión.

Layla regresó con una manta que extendió como una estera al lado de su señora. Como los criados se empeñaban en no tocarla, Layla, Maha y yo hicimos rodar a Khalidah por la hierba hasta la manta. Luego ordené a los hombres que agarraran de las esquinas, pero ellos se negaron también a eso. Chillé que les haría encerrar. Sabían que yo era de sangre real, así que finalmente decidieron obedecer, aunque de mala gana. Con cara de dolor, los hombres trasportaron lentamente a la debilitada Khalidah de vuelta al palacio.

Ordené a Maha que fuese a buscar a su hermana, que ya no parecía estar en el jardín, y le dije que la trajese a mi presencia.

Una vez Khalidah estuvo lo bastante bien para tomar un poco de té, me disculpé profusamente por el altercado. Mi prima bebió en silencio sin mirarme. Pero cuando le recordé que muchas niñas modernas son incontrolables, ella asintió ligeramente como si comprendiera. Yo había oído decir que algunos de los hijos de Khalidah eran problemáticos, y ella pareció entender que una hija como Amani representaba un verdadero reto.

Tras un sombrío adiós, dejé el palacio sin informar a Khalidah que los pájaros de Faddel ya no vivían en su paraíso terrenal. Tenía planes optimistas para devolver los pájaros a su lugar sin que nadie se enterase.

Mientras iba por el largo corredor en dirección a la entrada del palacio, Maha me alcanzó. Resollando después de su carrera, dijo:

—¡Amani ha desaparecido, y nuestro chófer también!

Inspirando hondo, casi sonreí al acordarme de un viejo proverbio que mi madre me repetía a menudo.

—Recuerda, Maha: «Por más alto que vuele el pájaro, antes o después tiene que posarse.» Encontraremos a tu hermana. Y esos pájaros estarán con ella.

Interrogando a Mustafá, el portero egipcio, supe que nuestro chófer había ayudado a Amani a reunir los pájaros y que luego se había llevado a mi hija y a su ilícita carga lejos del palacio. Mustafá mencionó que le sorprendía que su señora hubiese regalado tantos pájaros con motivo del Aid. Ahuecando la mano sobre la boca, añadió a modo de secreto:

—Mi señor y mi señora tienen mucho apego a sus posesiones terrenas.

Le miré pensativa. Sin duda, no todo era perfecto en el paraíso de mi primo Faddel. En la religión islámica, la caridad tiene una gran importancia, tanto si es obligada como si es voluntaria. Había oído rumores de que Faddel, uno de los Al-Saud más ricos, hacía siempre gran ostentación de pagar el obligado *zakat* (el pequeño porcentaje de los ingresos, una especie de diezmo, que la ley exige a todo musulmán), pero que se negaba a dar voluntariamente un solo riyal para obras de caridad. En el mundo árabe la generosidad es algo que se da por sentado, sobre todo en los que tienen mucho, pero hasta los musulmanes pobres son exageradamente generosos, en la creencia de que recibir más de lo que uno da es humillante.

Faddel, sin embargo, era a todas luces codicioso a la hora de satisfacer sus deseos y tacaño, en cambio, respecto a los demás. Supuse que pagaba a sus empleados salarios de miseria, y que habría abandonado a los pobres en mitad del desierto sin remordimiento alguno. Un hombre así exigiría que le devolvieran los pájaros que había pagado con su dinero.

Mientras pensaba todo esto, Mustafá consiguió que uno de los chóferes de Khalidah nos llevara a mí y a Maha a casa. Una vez en la limusina y recorriendo las calles de Jidda, Maha no pudo aguantarse de mencionar el asunto de las chicas del harén de Faddel.

Consciente de que no estábamos solas, hice callar a mi hija con una mirada y un codazo y susurré:

—Cariño, te prometo que haremos algo por esas pobres chicas, pero primero debemos devolver esos pájaros antes de que sea demasiado tarde.

Tan pronto puse los pies en el camino que pasa por delante de nuestro palacio, empecé a llamar a mi hija pequeña. Tres de los jardineros filipinos, Tony, Frank y Jerry, que estaban podando, levantaron la vista.

—Ha ido por allí, señora —dijo Tony, señalando hacia el jardín de las mujeres.

—La hemos ayudado a llevar un montón de pájaros —añadió Jerry.

Bueno, pensé, hablaré con Amani mientras los sirvientes vuelven a cargar las jaulas.

En ese momento vi girar por nuestro camino de entrada el automóvil de Kareem. Me preparé para lo que se avecinaba mientras le veía salir del asiento de atrás y dirigirse hacia mí. Kareem parecía de buen humor después de haber pasado el día con el rey y otros primos reales, y me sonrió alegremente.

Sentí una pizca de pena por mi marido, sabiendo que su estado de ánimo pronto iba a cambiar.

Arqueé las cejas a modo de saludo, pero no sonreí ni dije nada cuando él me apretó la mano. Kareem me conoce bien.

—¿Cuál es el problema, Sultana?

—No vas a creer lo que tengo que decirte —empecé.

Mientras le confiaba los apuros de aquella tarde en el palacio de Faddel, la cara de Kareem fue cobrando un tono encarnado a la medida de su cólera.

—Y ahora, Amani está en el jardín con esos pájaros —concluí.

Kareem se quedó sin habla, tratando de calibrar las consecuencias de que su hija hubiera robado un montón de pájaros a un primo real.

Su teléfono móvil interrumpió nuestros pensamientos y, para mi irritación, Kareem se dispuso a contestar. Enseguida comprendí que la conversación no era de su agrado, pues su cara enrojeció más que antes.

—Sí —dijo con calma—. Lo que te han dicho es correcto. Sí. Me ocuparé de ello. —Me miró a los ojos.

—¿Quién era? —pregunté.

—Faddel quiere esos pájaros. Inmediatamente.

¡Había transcurrido sólo una hora y Faddel ya conocía la travesura de Amani! Mi plan para devolver los pájaros ya no era factible.

En ese momento llegó Maha.

—¡Madre, Amani dice que se suicidará antes de dejar que te

lleves los pájaros! Creo que va en serio —añadió melodramáticamente—. ¡Dice que se estrangulará con su cinturón rojo!

Con cara de preocupación, Kareem se encaminó al jardín de las mujeres. Maha y yo le seguimos sin decir palabra. Lo mismo hicieron, a cierta distancia, Tony, Frank y Jerry.

Amani estaba montando guardia delante de las jaulas. Su rostro mostraba una mirada resuelta y sus ojos centelleaban. Habría problemas.

Kareem estaba furioso, pero habló con calma.

—Amani, acabo de recibir una inquietante llamada del primo Faddel. Me ha contado una historia increíble. Dice que tú le has robado sus pájaros. ¿Es cierto, hija?

Amani esbozó una sonrisa, pero la expresión de sus ojos la invalidaba.

—Lo que he hecho es salvar a unos pájaros de una muerte terrible, padre.

—Pero sabes que has de devolverlos. No son tuyos.

Mis ojos estaban fijos en Amani, implorando para que consintiera. Su sonrisa postiza desapareció. Ladeó la cabeza con aire desafiante y con voz clara y segura citó un verso del Corán:

—«Por amor a Dios, dieron de comer a los indigentes, los huérfanos y los cautivos.» —Y añadió de su propia inspiración—: Un buen musulmán no deja morir de hambre a ningún animal.

Yo sabía, como sabe todo musulmán, que las autoridades islámicas convienen en que la palabra «cautivo» incluye animales que han sido subyugados por el hombre, y que el buen musulmán los alimenta, cuida y aloja adecuadamente.

—Tendrás que devolver los pájaros —repitió Kareem.

Amani emitió un grito ahogado.

—¡En muchas jaulas no había comida ni agua! —Su voz ronca bajó de volumen mientras ella se giraba para mirar una de las jaulas que tenía más cerca—. Cuando vi sus caritas, supe que tenía que salvarlos. No llegué a tiempo de salvarlos a todos —dijo con voz temblorosa, señalando hacia un banco que tenía detrás—. He encontrado más de dos docenas de pájaros muertos.

Miré hacia el banco y me sobresaltó ver un gran número de pájaros muertos dispuestos en hilera. Amani había colocado una corona de flores recién cogidas alrededor de los pequeños cadáveres.

No pude contener las lágrimas.

—Después los enterraré —prometió ella.

La insensible Maha rió en voz alta, imitada por los jardineros filipinos.

—Callaos y salid de aquí ahora mismo —ordenó Kareem.

Maha se encogió de hombros y obedeció, pero el sonido de sus carcajadas la siguió mientras se alejaba por el jardín.

Los tres filipinos se parapetaron tras unos arbustos. No le dije a Kareem que estaban allí porque eran tres de mis sirvientes favoritos y no quería arriesgarme a que la ira de mi esposo hacia Amani acabara cayendo sobre ellos. Las vidas de nuestros criados solteros están tan exentas de vida familiar que los dramas domésticos suelen interesarles mucho.

Amani estaba llorando.

—¡No quiero devolver esos pájaros! —imploró—. ¡Si me obligas, me arrojaré al mar Rojo!

Di un respingo: primero estrangularse, y ahora el mar. ¿Cómo iba a protegerla de sus propias emociones? Kareem y yo nos miramos. Ambos sabíamos que nuestra hija pequeña amaba a los animales con una intensidad irracional.

Kareem habló con voz agotada:

—Amani, hija mía, te compraré un millar de pájaros.

—¡No! ¡No! ¡No quiero devolverlos! —Amani arropó una de las jaulas con su pequeño cuerpo y empezó a gritar.

—Cariño —exclamé—, te vas a poner enferma. Vamos, pequeña.

Los sollozos de Amani venían de lo más hondo de su cuerpo. Me habían contado de una prima que lloró con tal histeria al ver a su madre muerta que se rompió un vaso sanguíneo de la garganta y casi se fue con su madre al otro mundo. Tuve una visión similar de mi propia hija, ahogada en su propia angustia.

Kareem la abrazó con cariño.

—Está bien, Amani. Puedes quedártelos. Yo le compraré otros a Faddel.

Esta idea tampoco fue del agrado de Amani:

—¡No! —gritó—. ¿Piensas darle nuevas víctimas al asesino?

Kareem la estrechó en sus brazos. Él y yo nos miramos con desesperación.

—Amani —le rogó su padre—, si dejas de llorar, te prometo que trataré de pensar algo.

Los gritos de Amani fueron reduciéndose a lastimosos quejidos.

Kareem llevó a Amani hasta la casa y a su habitación. Mientras él la consolaba, yo registré el cuarto y retiré todo aquello que eventualmente podía ser utilizado para autolesionarse. También me llevé todos los objetos punzantes que encontré en el baño. Amani no pareció notarlo.

Di órdenes a Maha de que ayudara a nuestras sirvientas a peinar el palacio. Mientras durara esta crisis, quería que todo lo que pudiera ser usado como arma estuviera a buen recaudo.

Maha empezó a refunfuñar que hacíamos mucho para salvar los estúpidos pájaros de Faddel pero no movíamos un dedo por aquellas chicas cautivas contra su voluntad. Yo había olvidado por completo la información de Maha acerca del harén de muchachas.

—Maha —le aseguré—, danos tiempo para que solucionemos esto. Después yo misma iré a averiguar qué ocurre con esas chicas.

Maha hizo una mueca y empezó a burlarse de su hermana. Mi paciencia se acabó de repente.

—¡Calla de una vez! Ya sabes lo que siente Amani por los animales. ¿Qué sentirías si tu hermana se cortara el cuello o se colgara de una soga?

—Organizaría un banquete y una fiesta por todo lo alto —se mofó Maha.

Le di dos bofetones.

Maha se arrepintió y fue a hacer lo que le había ordenado.

Cuando regresé al cuarto de Amani, mi maravilloso marido estaba haciendo una lista de las exigencias inmediatas de Amani respecto al cuidado de los pájaros. Sin duda, como yo misma pensaba, Kareem se daba cuenta de que ella estaba al borde de un colapso nervioso. Se volvió hacia mí y me mostró la lista:

—Sultana, envía un chófer a comprar veinte pajareras, de las grandes, alpiste variado y todos los juguetes para pájaros que puedan tener en la tienda.

—Por supuesto —murmuré.

No había pasado una hora cuando dos de nuestros chóferes volvieron de la ciudad tras haber comprado en dos tiendas de animales domésticos todo lo necesario para el cuidado de los pájaros.

Kareem dio instrucciones a nuestros seis jardineros de que dejaran sus quehaceres normales y ayudaran a pasar los pájaros a las jaulas nuevas.

Amani sólo accedió a irse a la cama después que se hubo cerciorado por sí misma de que los pájaros tenían suficiente comida y agua y estaban bien alojados en jaulas grandes.

Yo estaba intranquila, a pesar de todo, así que dispuse que seis sirvientas se turnaran durante la noche para velar el sueño de mi hija.

Maha, a quien no se le había pasado aún el enfado, no quiso cenar con nosotros. Kareem y yo estábamos demasiado cansados emocionalmente para que eso nos inquietara, y comimos en silencio nuestros *kebabs* de pollo con guarnición de arroz.

Durante la cena, Faddel telefoneó tres veces a Kareem pero éste se negó a ponerse. Esperó a que hubiésemos terminado de comer y entonces le telefoneó para decirle que iría a su palacio al día siguiente.

Kareem informó al cocinero que tomaríamos el café en el jardín de las mujeres, y fuimos juntos a sentarnos al pie de un árbol. Aunque era casi de noche, los gorjeos y chapoteos de los pájaros creaban una ruidosa conmoción. A pesar de ello, me agradó escuchar a los pajaros disfrutando de su nueva y más confortable existencia.

Una mirada de Kareem hizo que yo dejara la silla y me sentara en su regazo. Sabía que él estaba pensando lo mismo que yo: si devolvíamos los pájaros, Amani era muy capaz de hacer una locura. Sin embargo, si comprábamos otros para reemplazar los robados, Amani descubriría nuestro engaño. Por otra parte, Faddel no era de los que se rendían fácilmente.

¿Qué podíamos hacer?

—¿Has pensado algo, Kareem? —pregunté en voz baja.

Él guardó silencio hasta que por fin dijo:

—Ese Faddel es un roñoso. He decidido transferirle una pequeña parte de mis mejores propiedades en Riad, pero sólo si él accede a renunciar a tener pájaros en ese ridículo paraíso. Supongo que eso contentará a Amani.

—¡Unas tierras a cambio de un puñado de pajaritos! Oh, Alá. ¡Seremos el hazmerreír de todo el mundo!

—No. Faddel no dirá nada. Además de avaro es un cobarde. Le dejaré bien claro que no le conviene comentar nuestros negocios privados.

—Faddel es un hombre malo —concedí, recordando entonces lo que Maha aseguraba haber visto. Estuve tentada de preguntar a Kareem si sabía algo del harén particular, pero decidí al punto que mi esposo ya había oído bastantes noticias malas por hoy.

De pronto, mientras estábamos allí sentados, todos los pájaros se pusieron a cantar al unísono. Kareem y yo nos quedamos a la escucha, sobrecogidos por la belleza de su sonido.

Después de tomar el café nos retiramos a nuestros aposentos. El largo día había llegado a su fin, y eso me hizo respirar aliviada. Pero al acordarme de lo que había prometido a Maha, tuve dificultades para conciliar el sueño. Ese día me había quedado sin fuerzas. ¿Qué nos depararía el siguiente?

UN HARÉN CELESTIAL

Cuando abrí los ojos a la mañana siguiente, me encontré sola en la cama. Llamé a Kareem, pero no obtuve respuesta. Mi mente estaba tan confusa que pasaron unos minutos antes de que los acontecimientos del día anterior volvieran a mí. Amani... ¡y los pájaros! Por eso se había levantado Kareem tan temprano. El asunto de su negocio con Faddel sería su primera preocupación.

Antes de salir de mi alcoba me puse un sencillo vestido de algodón. Primero fui a la habitación de Maha. No se oía nada, lo cual era buena señal. Si Maha hubiera estado despierta, la música a todo volumen habría sido perfectamente audible desde el otro lado de la puerta. Deseé que Maha durmiera hasta el mediodía. Yo necesitaba tiempo para elaborar una respuesta adecuada al asunto de las chicas cautivas, y para evitar que mi familia se metiera en otro lío por culpa de Faddel.

Con un suspiro, deseché esa idea y me encaminé al cuarto de Amani.

Mi hija pequeña seguía durmiendo. Una de las seis criadas filipinas que yo había puesto a vigilar su habitación estaba sentada junto a su cama y me dijo:

—Señora, su hija ha dormido plácidamente toda la noche.

Regresé a mis aposentos antes de pedir café y un ligero desayuno a base de yogur, queso y pan.

En contraste con los incidentes de la víspera, hoy pude disfrutar de una deliciosa ociosidad. Removí mi café sentada en la terraza privada y disfruté de la espectacular vista sobre el mar Rojo. Era un día ideal para un dios. El cielo estaba despejado y azul, y los rayos del sol calentaban sin llegar a sofocar. Las cristalinas aguas del mar Rojo reflejaban la luz del sol. Observando las perezosas olas que lamían suavemente la costa, mi cuerpo se puso a tono con el ritmo del mar. Ojalá todos los días pudieran ser tan apacibles como éste, pensé.

Kareem regresó antes de que yo hubiera terminado de desayunar.

Se sentó a mi lado en otra silla y empezó a picar de lo mío. En silencio, examiné el rostro de mi esposo mientras trataba de prolongar al máximo aquellos momentos de tranquilidad.

—Cuéntame —dije al fin.

Él juntó las cejas y meneó cansinamente la cabeza.

—Ese roñoso de Faddel dice que les había tomado mucho cariño a esos pájaros.

—¿No ha querido cambiarlos por tus tierras? —pregunté.

Kareem enarcó las cejas.

—Claro que sí, Sultana. Lo que pasa es que ha puesto muchas objeciones.

—Cuéntamelo todo.

—Prefiero no revivir los detalles, Sultana —dijo él con impaciencia—. Te basta con saber que ahora somos propietarios, o más bien lo es Amani, de los pájaros de Faddel. Y tengo la garantía de que Faddel no volverá a encerrar pájaros cantores en su paraíso particular. —Bajó la voz—. Estoy convencido de que ese hombre está loco. ¿Cómo puede creer que es más listo que Dios experimentando el paraíso sin haber muerto? —Sacudió la cabeza ante semejante incoherencia—. Está loco, te lo digo yo.

Sonreí agradecida.

—Al menos Amani tendrá un consuelo. Pocos padres llegarían a tales extremos por la felicidad de sus hijos. —Me incliné hacia Kareem y le besé en los labios.

Pero la expresión de mi esposo se endureció.

—Sultana, esos primos nunca han sido amigos nuestros; no

entiendo por qué escogiste ir a visitarlos a ellos primero. Pero, por el bien de todos, te ruego que no vuelvas a relacionarte con esa familia.

Intenté disimular mis emociones. Estaba desesperada por contarle a Kareem lo que Maha aseguraba haber visto en el palacio de Faddel, el harén de muchachas, y si era cierto, plantear la necesidad imperiosa de ayudarlas. Pero no dije nada, no era el momento oportuno. Sabía que mi marido habría considerado el destino de las jóvenes cautivas como algo fuera de nuestro alcance. Sin duda me habría prohibido intervenir.

Así que cuando él me agarró el brazo, me miró a los ojos y dijo «Aléjate de Faddel y Khalidah, ¿está claro, Sultana?», yo asentí con la cabeza y murmuré «*Wala yoldaghul moumenu min juhren marratayn*» («Al creyente nunca lo muerde dos veces la misma serpiente»).

Satisfecho con la respuesta, Kareem se puso en pie y dijo muy serio:

—Hemos de saber elegir a nuestros conocidos, Sultana. Toda relación con personas como Faddel sólo puede traer desagradables consecuencias. —Hizo una pausa—. He pensado en ir a ver a Hanan y Mohammed. ¿Te gustaría venir conmigo?

—Gracias, pero no. Es preferible que me quede aquí con nuestras hijas. Pero, cariño, ¿querrás llevarles tú los regalos que compré para ellos?

Yo sentía gran afecto hacia Hanan, que era la hermana menor de Kareem, y su marido Mohammed. En realidad, aparte de Noorah, la madre de Kareem, me gustaba toda su familia y siempre que decidíamos visitar a alguno de sus miembros era para mí motivo de alegría. Con los años, acabé dándome cuenta de que había sido una suerte entrar a formar parte de la familia de Kareem.

Después de bañarme, fui a informar a Amani de la noticia. La pobre chica estaba aún en la cama y muy dormida. El día anterior había sido muy duro para ella. Viéndola dormir, sentí un gran amor por ella, pese a su afilada lengua. La besé suavemente en la mejilla y fui a buscar a Maha.

Pasada la crisis de Amani, yo sabía que ahora debía afrontar las quejas de Maha por respeto a ella y a mí misma como adalid de los derechos de la mujer.

Maha se estaba vistiendo. Para mi sorpresa, la música no inundaba la habitación. Me vio por el espejo de su tocador. Me di cuenta de que aún estaba enfadada por lo de la víspera.

—¿Qué ha pasado con esos pájaros? —preguntó con tono áspero.

—Tu padre lo ha solucionado todo —respondí con cautela—. Ahora son de Amani.

Maha torció el gesto:

—¿Y cómo es eso?

—Tu padre hizo a Faddel una oferta bastante generosa.

Maha frunció los labios.

—¡Pues yo me niego a asistir a un funeral ornitológico! ¡Lo digo en serio!

Puse mi mano sobre su hombro y hablé a su imagen reflejada en el espejo.

—Como quieras, Maha.

Ella sacudió el hombro para zafarse. Supe que le debía una disculpa.

—Cariño —suspiré—, siento lo de ayer. De veras lo siento, pero oírte decir cosas tan crueles sobre tu hermana me puso furiosa. Créeme, si algo malo le pasara a Amani, lo último que harías tú es festejarlo por todo lo alto. —Hice una pausa antes de añadir—: Si algo trágico llegara a ocurrirle a Amani, tu corazón cargaría para siempre con el peso de esas frases irreflexivas.

Tras considerar mis palabras, la furia de Maha pareció desvanecerse.

—Tienes razón, madre. —Giró en su taburete y me miró a los ojos—. Bueno, ¿podemos ir a salvar a esas chicas del palacio del primo Faddel?

Suspiré. Yo también, en mis tiempos, me había sentido inflamada por el deseo de ayudar a toda mujer en apuros. La vida me había enseñado que tales deseos suelen tropezar con fracasos. Rocé la mejilla de Maha antes de sentarme al lado de su cama.

—Cariño —dije—, háblame de esas jóvenes. ¿Cómo te enteraste?

Maha dejó a un lado su polvera y se volvió hacia mí. Sus palabras salieron a raudales.

—Muy bien, madre, te lo contaré. Ayer, cuando salía del baño en ese palacio del demonio, no pude encontrar a Layla. Como no sabía por dónde quedaba el jardín, empecé a pasearme por allí tratando de dar contigo. Busqué en todas partes, y al poco rato vi que estaba perdida en aquel laberinto de pabellones. Sin saber cómo, llegué al cartel que indicaba SEMENTALES. Pensé que los jardines estarían en aquella zona. —Arrastró su taburete y se inclinó hacia mí. Luego apretó mis manos entre las suyas—. Madre, ¡el primo Faddel no tiene ningún caballo! ¡Ese rótulo indica el camino hacia un pabellón lleno de jóvenes hermosas!

Me costó un rato entender. ¡Sementales! Comprendí que esa inscripción era una broma de Faddel, un chiste a expensas de unas chicas sin duda inocentes.

—¿No es posible que esas muchachas hayan escogido estar donde están? —sugerí sin convicción. Sé que en otros países la pobreza empuja a las chicas, o a sus familias, a vender su cuerpo a cambio de dinero.

—¡No! ¡No! —Maha negó vigorosamente con la cabeza—. Algunas de ellas se lanzaron a mis pies, ¡me imploraron que las salvara! —Sus ojos se llenaron de lágrimas—. ¡Las hay que no tienen más de doce o trece años!

Lancé una exclamación angustiada. ¡Esas chicas eran más jóvenes que Amani!

—¿Qué les dijiste?

—¡Les prometí que volvería pronto! Que iría con mi madre, y que ella sabría qué hacer.

—Oh, Maha. —Cerré los ojos e incliné la cabeza hacia adelante—. Ojalá todo fuera tan sencillo.

Deprimida, empecé a recordar cuando yo era tan idealista y optimista como mi hija. Ahora, con cuarenta años, sabía que no era tan fácil bregar con los hombres y sus deseos sexuales. Es inclinación natural de muchos hombres, y no sólo en Oriente Medio, tratar de buscarse niñas o jóvenes como conquistas sexuales. Y no parece que a ellos les preocupe obtener placer de alguien que es demasiado joven, ni que se haga en contra de su voluntad.

—Qué mundo más cruel y malvado es éste —dije, mientras me echaba a llorar.

Maha me miró.

—¿Qué vas a hacer, madre? ¡Se lo prometí a esas chicas!

Hice una dolorosa confesión.

—No lo sé, Maha. No lo sé.

—Podemos preguntarle a papá —dijo ella, con la esperanza reflejada en su cara inocente—. ¡Él ha salvado a los pájaros de Amani!

Guardé silencio mientras luchaba contra la irresistible fuerza de nuestra realidad. Recordé claramente una vez a finales de los años ochenta cuando Cory Aquino, la presidenta de Filipinas, había originado un conflicto diplomático al conocerse que muchachas filipinas contratadas para trabajar como sirvientas en Arabia Saudí eran obligadas a su llegada a servir como esclavas sexuales. Aquino había prohibido que mujeres solas viajasen a Arabia Saudí.

Nuestro rey Fahd había montado en cólera ante tan insultante restricción y reaccionó con un decreto por el cual a todos los filipinos se les prohibiría trabajar en Arabia Saudí si el decreto de Aquino entraba en vigor.

El valiente intento de la presidenta filipina para proteger a sus conciudadanas fue un fracaso, pues la economía de su país dependía en buena parte de los filipinos que trabajaban en las zonas petrolíferas de Oriente Medio y enviaban dinero para mantener a sus familias.

Así pues, todavía hoy, jóvenes filipinas contratadas como sirvientas siguen siendo objetos sexuales de nuestros hombres, sin olvidar sus tareas domésticas.

—¿Madre?

Me devané los sesos en busca de una solución, pero hube de admitirlo una vez más:

—No sé qué hacer.

—Si papá puede salvar a unos pájaros, ¿por qué no a unos seres humanos?

—Tu padre no volverá hasta la noche.

—Entonces hemos de ir nosotras dos. ¡Traeremos a esas chicas aquí y las pondremos a trabajar como asistentas! —dijo.

—Es más complicado de lo que crees, Maha.

Ella se levantó ágilmente con cara de furia y dolor.

—¡Bueno, pues iré sola! ¡Liberaré a esas chicas sin ayuda de nadie, como Amani!

Conociéndola, supe que no tenía alternativa.

—Está bien, Maha. Iremos juntas.

Avisé a Letha, mi doncella filipina, de que nos marchábamos y le dije que tan pronto despertase Amani le comunicase que ahora los pájaros eran suyos. Después acompañé a Maha al *Paraíso Palace*, sin saber qué íbamos a hacer una vez allí.

Al entrar en el palacio de Faddel, le dije al chófer:

—Nos veremos con Khalidah fuera del recinto. —Señalé hacia el rótulo de SEMENTALES—. Déjanos aquí, por favor. Vuelve a la verja y espera a que te llamemos. —Tanto el chófer como yo llevábamos teléfonos móviles.

Él me miró con cara de escepticismo pero obedeció mis órdenes. Mi plan era reunir nombres y direcciones de las familias de las cautivas para luego contactar con sus parientes. Hecho esto, yo calculaba que los padres podrían exigir el regreso de sus hijas a través de las embajadas de sus respectivos países.

Maha y yo caminamos en silencio por el largo paseo. Ambas éramos conscientes de que nos estábamos metiendo en un asunto muy serio. Y sin el conocimiento de Kareem.

Pronto pude ver el infame pabellón, tal como Maha me lo había descrito. El edificio me pareció idéntico a los otros pabellones salvo que, cuando me fijé bien, vi que sus ventanas tenían barrotes.

—¿Cómo vamos a entrar? —susurré, pues el pabellón parecía cerrado a cal y canto.

—No echan la llave —dijo Maha, para mi extrañeza—. Pregunté a las chicas por qué no escapaban y me dijeron que algunas lo habían hecho, pero sin pasaporte ni papeles necesarios para viajar, firmados por un ciudadano saudí, al final acababan volviendo y siendo tratadas peor que antes.

—Vaya. —Comprendí la situación.

Por desgracia, en Arabia Saudí, tanto un expatriado como un ciudadano nativo temería demasiado el desquite del gobierno como para ofrecer ayuda a una mujer que asegurara estar siendo retenida en cautividad sexual. Poca gente se arriesga a ir a la cárcel por un forastero, y los hombres de mi familia se han vengado más de una vez de la gente que pone al descubierto la cara tenebrosa de Arabia Saudí.

A escasa distancia del pabellón, me quedé de piedra al ver a un hombrecillo muy viejo y estrafalario saliendo de los arbustos y plantándose delante de nosotras. Las dos nos sobresaltamos tanto que gritamos a la par.

Me quedé sin habla mientras asimilaba aquella inaudita imagen. Era un hombre bajo y esmirriado, negro como el ébano. Parecía más bajo de lo que era por una curvatura de la espina dorsal que le empujaba hacia delante. Sus arrugas revelaban su avanzada edad. Tenía una gran papada de la que colgaban fláccidos pliegues de piel. Decidí que era la persona más vieja que había visto nunca.

No obstante, pese a sus años, iba vestido con una blusa amarillo chillón y un chaleco rojo con lentejuelas. Un turbante de seda turquesa adornaba su cabeza. Sus calzones, hechos de un rico brocado con hilos de oro, sugerían la indumentaria de otra época.

—En qué puedo servirla, señora. —Su voz era extrañamente aguda. Y afable. Sus ojos castaños brillaban de curiosidad—. ¿Señora? —Agitó ante mi vista una manita negra. Llevaba un anillo en cada dedo.

—¿Quién eres? —acerté a decir.

—Soy Omar —dijo con orgullo—. Omar, el sudanés.

Advertí por primera vez que la cara del viejo tenía tan poco vello como la mía. ¿Se trataría de un eunuco? ¡Pero si ya no había eunucos en Arabia Saudí! Todos habían muerto.

En un pasado no muy lejano, hubo muchos eunucos en Arabia. Aunque la fe islámica prohíbe explícitamente la castración, a los musulmanes no se les prohibía tener eunucos como esclavos. De hecho, mis antepasados los consideraban una posesión muy valiosa y pagaban grandes sumas por ellos. En tiempos, los eunucos guardaban los harenes de los árabes ricos. Y solía vérselos también en La Meca y en Medina, donde tenían la misión de separar a hombres y mujeres cuando entraban en las mezquitas.

Y ahora tenía ante mí a uno de esos eunucos, sólo que muy avejentado. ¡No había ninguna duda!

Ácidas palabras acudieron a mi lengua, pues de inmediato

adiviné cuál era el papel del hombrecillo en el pabellón de los «sementales».

—Imagino que guardas el harén de Faddel.

Omar se aguantó la risa.

—No, señora. —Flexionó un brazo y se pellizcó la carne floja del otro—. Sólo podría guardar a presos voluntarios, nada más.

Mirando su enclenque figura, le di la razón.

—El padre de Faddel —explicó— fue mi señor; su hijo me deja vivir en el recinto del palacio.

Maha había perdido el miedo al hombrecillo, y me tiró del brazo.

—¡Madre! ¡Démonos prisa!

La aparición de Omar me había transportado a otro tiempo, y sentía ganas de preguntar muchas cosas a aquel eunuco, pero la razón de mi visita se impuso sobre todo lo demás. Debía encontrar a las prisioneras antes de que Faddel nos descubriera. Mi única esperanza era que el eunuco no alertase a sus amos sobre nuestra subrepticia entrada en la propiedad.

—Sólo hemos venido para hablar con las jóvenes que viven ahí dentro. —Señalé el pabellón—. No tardaremos. Tienes mi palabra.

Omar hizo una graciosa reverencia.

—Estáis en vuestra casa.

Encantada por el despliegue de buenos modales, sonreí al pasar por su lado camino del pabellón. En cuanto estuvimos dentro, un enjambre de excitadas muchachas nos rodeó. Casi todas parecían asiáticas. Maha fue recibida con abrazos y besos. Se oyeron exclamaciones de alegría.

—¡Has cumplido tu palabra! ¡Vamos a salir de aquí!

—¡Silencio! —las conminé—. ¡Vais a despertar a los muertos!

Las voces y las risas bajaron de tono. Me tomé un momento para examinar el harén mientras las chicas rodeaban a Maha haciéndole todo tipo de preguntas. Sorprendentemente, considerando la preocupación de Faddel por todo lo bello, aquella habitación tenía un pobre aspecto. Aunque el mobiliario era caro y las paredes estaban cubiertas de sedas, los adornos eran chillones y vulgares. Por toda la sala había cintas de vídeo y ceniceros rebosantes de colillas.

Me fijé en las chicas. Todas ellas eran hermosas, pero su vergonzoso atuendo llamaba más la atención que su belleza. Unas vestían *tops* y vaqueros al estilo occidental, otras llevaban diáfanos camisones. Su indumentaria carecía de encanto. Y todas eran increíblemente jóvenes. Entre la mayoría de asiáticas, vi una que parecía árabe. Algunas fumaban cigarrillos y tomaban refrescos.

Jamás había imaginado que un harén y sus ocupantes pudieran tener un aspecto tan ostentosamente vulgar. Sin embargo, supuse que a ojos de Faddel estas chicas eran como las seductoras vírgenes —las huríes— de las que habla el Corán. Sospeché que estaba viendo un escenario pensado para provocar en Faddel los más fabulosos deleites. Pero para aquellas chicas retenidas contra su voluntad, aquello no podía ser sino el mismo infierno.

—Sentaos todas. Rápido —ordené, sacando un papel y un bolígrafo de mi bolso—. No tenemos mucho tiempo —dije, mirando hacia la entrada del pabellón. Boqueé al ver que Omar nos había seguido y que ahora aguardaba cómodamente sentado en el suelo alfombrado.

Me sonrió. Sea como fuere, un sexto sentido me dijo que no debía preocuparme por él.

—Bien, voy a ir pasando esta libreta. Quiero que cada una de vosotras escriba su nombre, y una dirección para ponerme en contacto con vuestras familias.

Un murmullo grave de desengaño y frustración recorrió la estancia. Una de las chicas, de unos veinte años, me preguntó en voz baja:

—Entonces ¿no nos marchamos hoy con usted, señora?

Con un gesto abarqué toda la habitación.

—Es imposible. Sois muchas. No tengo manera de conseguir pasaportes. Por la noche estaríais otra vez aquí. —Hice una pausa para contar. Había veinticinco chicas en la habitación. Tuve que levantar la voz para hacerme oír—. Vuestras familias protestarán ante las embajadas. Es la mejor manera de salir de aquí.

Un clamor de voces sollozantes anunció su protesta. Una chica muy joven, que dijo ser tailandesa, gimió:

—Pero, señora, fueron mis padres quienes me vendieron a este hombre... Ellos no me ayudarán.

—A mí me pasó lo mismo —dijo otra, tiritando en su escaso atavío—. Me sacaron de la aldea donde vivía, al norte de Bangkok.

Otra chica asustada dijo:

—¡Yo creí que me contrataban como sirvienta! ¡Pero era mentira!

—Yo trabajaba como costurera en una fábrica. Me pasaba el día cosiendo, y por la noche estaba a disposición de los hombres. Me vendieron a tres hombres diferentes antes de que me comprara el amo Faddel.

En un intento de pensar con claridad, intercambié una mirada con Maha. Si las familias de aquellas chicas las habían vendido realmente como esclavas, ¿cómo podíamos ayudarlas?

—Dejadme pensar —dije nerviosa—. Necesito pensar.

Una hermosura de muchacha, los ojos anegados en lágrimas, me tocó ligeramente el brazo.

—¡Llévenos con usted! ¡Si supiera lo que me pasó, no me dejaría en este sitio ni un momento más!

Mirando los tristes ojos de aquella chica, mi corazón se acongojó. Aunque era consciente de que se nos agotaba el tiempo, la escuché con atención. Animada por mi silencio, la joven dijo:

—Pertenezco a una familia muy numerosa de Laos. Mi familia pasaba hambre, y cuando dos hombres de Bangkok les ofrecieron dinero a cambio de que me fuera con ellos, mis padres no pudieron elegir. Me encadenaron junto a otras tres chicas del pueblo y luego nos llevaron a Bangkok. Fuimos descargadas en un almacén. Nos obligaron a subirnos desnudas a una tarima delante de una sala llena de hombres. Nos vendieron en subasta. El dueño de un burdel compró a las otras dos chicas, pero a mí me adquirió un hombre que representaba a gente árabe. Y así es como llegué aquí, señora. —Su voz fue un sentido lamento—: No me abandone, por favor.

Su historia me dejó sin habla. ¿Chicas vendidas en subasta al mejor postor?

Omar interrumpió mis cábalas.

—¿Por qué no se las lleva con usted, señora? Llévelas a sus embajadas. Creo que allí podrán refugiarse.

Lo que decía Omar era verdad. Me acordé de un programa de

la televisión británica sobre filipinas maltratadas en la vecina Kuwait que habían conseguido asilo de esa manera. Aunque el gobierno kuwaití había negado que se las maltratara, obligándolas a vivir durante meses encarceladas, al final habían podido regresar libremente a sus países.

Sonreí de nuevo a Omar. Yo había esperado que no fuese un espía, ¡pero jamás habría soñado tener en él un aliado!

Las voces de las chicas se unieron para pedir la libertad.

—¡Sí! ¡Sí! ¡Queremos irnos hoy mismo!

Una chica preciosa de facciones árabes se me acercó.

—Por favor, señora. Nuestro amo es cruel. Él y cuatro de sus hijos vienen a vernos cada día. A menudo viene con otros hombres malos.

—Nuestra vida es horrible —intervino otra, mirándome desvalida—. No se imagina lo que hemos de soportar, señora.

Inspiré hondo. ¿Debía intentarlo a pesar de las consecuencias? Me bastó mirar a Maha para saber la respuesta. ¡Sí! ¡Claro que sí! Pero primero había que trazar un plan.

Miré a las chicas, muchas de ellas iban ligeras de ropa. No podía llevármelas de esa guisa por las calles de la conservadora capital saudí. Eso habría hecho congregarse una multitud de lapidadores y dado al traste con la fuga.

—¿Tenéis mantos con que cubriros?

Varias de ellas se miraron. Una dijo:

—No tenemos.

—Usad las sábanas de las camas —sugirió Omar, lanzándome una mirada cómplice—. Las camas son anchas, habrá ropa para todas.

Eché un vistazo a las puertas que rodeaban el harén. En su mayoría daban a cuartitos con camas.

Mientras las chicas iban de habitación en habitación recogiendo sábanas y cubrecamas, algunas de las más jóvenes me rodearon. Dos de ellas eran apenas niñas y una no tendría más de nueve años. Las abracé con fuerza, pugnando por contener lágrimas de rabia. ¿Cómo podía una madre vender a su propia hija? Me resultaba inconcebible.

La cabeza me daba vueltas. Sabía que no podía transportar a

las veinticinco chicas en un solo automóvil. Pese al riesgo de la misión, era preciso telefonear a casa y hacer que varios chóferes acudiesen al palacio de Faddel.

—Maha —le dije a mi hija—, llévate a estas niñas y busca con qué taparlas.

Saqué mi teléfono móvil del bolso... pero no tuve ocasión de hacer ninguna llamada.

De pronto Faddel, Khalidah y tres hombres corpulentos entraron en el harén. Sentí un escalofrío mortal al mirar los acerados ojos de Faddel.

—Cuando oímos el alboroto, no pensábamos que hubiera aquí tan distinguida invitada —dijo él con una sonrisa, arrebatándome el teléfono—. Sultana, aquí no eres bien recibida. Márchate.

Miré a Khalidah. La última vez que la había visto, ella se había desmayado. Ahora, sin embargo, se la veía muy serena.

—Supongo, Khalidah, que tú no apruebas esto.

Ella me miró con desdén.

—No es asunto tuyo juzgar lo que pasa en casa ajena.

Cuando las muchachas comprendieron lo que estaba pasando, un coro de gritos resonó en el harén. Faddel hizo un gesto con la mano y al momento los tres forzudos empezaron a empujarlas hacia sus cuartos, cerrándolas con llave.

—¡Maha! —grité al ver lo que pasaba—. ¡Ven enseguida! —La idea de que mi hija hubiera podido quedar encerrada con aquellas pobres chicas me puso al borde de la histeria.

Le cogí la mano tan pronto di con ella. Cuando la tuve a salvo y a mi lado, empecé a implorar a Khalidah pensando que ella apoyaría la causa de las mujeres, sus hermanas.

—Khalidah, has de saber que estas chicas son violadas frecuentemente... ¡por tu marido, tus hijos y otros hombres! Como esposa y madre, esto no puede ser de tu agrado.

Khalidah era asombrosamente hermosa, pero sus palabras me demostraron que era un ser horrible o, peor aún, que estaba emocional y espiritualmente muerta.

—Este asunto incumbe únicamente a los hombres, Sultana.

—Si lo crees así, no eres más que una brizna de hierba sin capacidad de decisión sobre nada.

Khalidah enrojeció de repente, pero no respondió a mi desaire.

Años atrás me había llegado el rumor de que la causa de la obediencia ciega de Khalidah hacia Faddel era la inmensa fortuna de éste. Yo ansiaba gritarle a Khalidah aquel sabio proverbio que dice: «La que se casa por dinero con un gorila, cuando el dinero se acaba, el gorila sigue siendo gorila.» La vida es muy extraña, y tal vez llegaría el momento en que Khalidah tendría que vérselas con un Faddel cuya riqueza no sobreviviría a su maldad. Pero no dije nada, pues hacerlo no hubiera contribuido a conseguir la liberación de aquellas chicas.

Faddel tuvo la osadía de querer justificar sus actos.

—Aunque no es asunto tuyo, Sultana, todas las jóvenes que ves aquí fueron vendidas por sus padres. Ellos recibieron lo que querían, igual que yo. Fueron transacciones legítimas. No he hecho nada malo.

—Legalmente puede que no. Pero moralmente sí.

Faddel se encogió de hombros.

Acicateada por la certeza de que no podría liberar a las muchachas, insulté a mi primo con mala intención:

—Faddel, ¿tan difícil te resulta encontrar compañía sexual que no haya de ser encadenada primero?

Maha le espetó con desprecio:

—¡Eres una bestia! ¡Un bruto!

Faddel se rió al replicar:

—Sultana, se diría que tú y tus hijas estáis conspirando para manchar mi reputación.

Maha me agarró de la muñeca.

—¡Madre! ¡No podemos dejarlas aquí!

Me sentí morir cuando miré la cara de mi hija.

—No hay otro remedio, cariño. Aquí no podemos hacer nada más. Vámonos.

Khalidah me dio la espalda y se marchó.

La voz engañosamente sedosa de Faddel nos amenazó a Maha y a mí mientras nos conducía hacia la entrada del palacio.

—Sabes, Sultana, si no fueras tú, haría que te mataran.

Caminando al lado de aquel depravado, sentí más odio del que jamás había experimentado por nadie, incluido mi hermano

Alí. Cuánto deseaba maldecir a Faddel de cien maneras distintas. Pero yo sabía que las leyes saudíes no tenían nada estipulado para ayudar a las chicas. Yo no podía hacer nada, y lo más doloroso era que Faddel lo sabía tan bien como yo.

Mientras andábamos, oía los gritos desgarradores de las muchachas clamando desde su encierro. ¡No podía soportarlo! Me fue imposible imaginar cómo afectaría eso a Maha.

¡Oh, Alá!, pensaba alicaída. ¡Qué país! ¡Qué gente! Somos tan ricos que nos da igual cambiar unas tierras carísimas por unas jaulas para pájaros multicolores que satisfagan los caprichos de nuestros hijos. Sin embargo, somos tan corruptos moralmente que permitimos que muchachas sean retenidas como esclavas sexuales y, aún más, que no haya medios legales para que le gente decente pueda liberarlas. Sentí una gran vergüenza por mi país y mis conciudadanos.

Faddel hizo venir a nuestro chófer y esperó hasta el momento de despedirnos. Cuando apareció el automóvil, Faddel nos abrió la portezuela, me devolvió el teléfono móvil y dijo con ironía:

—Vuelve cuando quieras, Sultana. Pero ve directamente al pabellón principal.

A veces las derrotas parecen ir más allá de lo humanamente soportable. No podía hablar, y no fui capaz de pensar hasta que me libré de la odiosa presencia de Faddel. Maha empezó a llorar. Yo estaba demasiado deprimida para consolarla con palabras; me limité a acariciarle el hombro.

Cuando estábamos doblando el primer recodo del camino particular, Omar se plantó delante de nuestro coche. El chófer pisó el freno. Luciendo su sonrisa desdentada, Omar golpeó la ventanilla.

—¡Abre! —ordené.

—Señora, ¿puedo ir con vosotras? —preguntó Omar con su vocecita aniñada.

—Creí que formabas parte de la familia de Faddel.

—Sólo he dicho que me permitían vivir aquí, señora; no que les gustara eso. —Y añadió—: No he sido bien visto desde que falleció el padre de Faddel, de eso hace ya quince años.

—Bueno, yo... —Por el retrovisor vi que el chófer me miraba. Me volví a Omar—. ¿Te compraron como esclavo?

—Hace muchos años que no existe la esclavitud.

Eso era cierto. En 1962 el presidente John F. Kennedy pidió personalmente a Faisal, a la sazón primer ministro, que aboliera la esclavitud en nuestro país. Nuestro gobierno atendió la petición de Kennedy y compró la libertad de todos los esclavos del país por casi cinco mil riyales saudíes por cabeza. Muchos de los esclavos liberados habían permanecido en casa de sus antiguos amos. Pese a que Omar había optado por quedarse con la familia a la que antaño había pertenecido, él era su propio dueño.

—Por favor, señora.

Reflexioné rápidamente sobre su insólita petición. Faddel podía castigarlo por no haber informado de nuestra llegada al harén. Ahora sabía que Faddel era capaz de los actos más nefastos.

—Sube —dije al cabo. Una vez instalado el hombrecillo en el coche, pregunté—: ¿Por qué quieres vivir con nuestra familia?

Omar me miró antes de responder:

—Bien —dijo—, hace años que vivo en este país. Cuando tenía ocho años, en Sudán, me robaron y me vendieron a un acaudalado turco. Ese mismo año, mi amo viajó a La Meca con motivo del Haj. —Rió con disimulo—. Era un estúpido que no hacía más que comer grasa y azúcar; cayó muerto mientras rodeaba esa roca negra de la gran mezquita. Las autoridades se hicieron cargo de mí hasta que me ofrecieron como regalo al abuelo de Faddel, a quien las autoridades debían algún favor.

»Ahora tengo ochenta y ocho años. Así que he pasado ochenta entre saudíes. —Hizo una pausa—. Los árabes de este país eran bastante humanitarios en otro tiempo. Pero yo no he presenciado un solo acto de bondad desde hace muchos años. Hace tiempo me prometí que me ofrecería a la primera persona bondadosa que encontrara en mi camino. —Me miró y sonrió alegremente.

Fue entonces cuando caí en la cuenta de lo que yo había hecho. Mi marido era un hombre indulgente, pero lo que diría cuando viese a este eunuco de fantásticos ropajes era algo que se me escapaba.

Cuando llegamos a nuestro palacio, Maha corrió llorando a su habitación. Le dije a Omar que aguardara en el salón principal. Fui en busca de Amani, y, como esperaba, la encontré en el jardín con sus pájaros. Me quedé mirando a mi hija mientras ella dispensaba cuidados a sus pájaros. Bien, al menos éstos no tendrían que sufrir hambre y sed nunca más. El jardín se embellecía con sus trinos.

Aspiré hondo mientras pensaba en mis derrotas y mis victorias. Los pájaros eran libres, pero las chicas seguían cautivas.

Cuando Kareem llegó a casa y me encontró en el salón charlando con el pequeño eunuco negro, me miró con absoluta incredulidad. ¡Pobre hombre! No tenía la menor idea de lo que había ocurrido durante su ausencia. Tampoco sabía que en su casa iba a tener desde hoy un eunuco a su servicio.

HISTORIA DE UN EUNUCO

Muchas veces he oído afirmar a Kareem que Dios se mueve de maneras misteriosas. Ahora, viéndole venir hacia mí totalmente estupefacto, esperé ablandar lo que sabía iba a ser una encendida reacción de mi marido recordándole sus afirmaciones.

—Kareem, ahora conozco el verdadero significado de tus sabias palabras. Ciertamente, Dios se mueve de maneras misteriosas. —Sonreí al eunuco—. Dios en persona ha traído a esta casa a Omar el sudanés.

La clásica hospitalidad árabe de Kareem refrenó la ira dirigida a mí. Miró al hombrecillo y le saludó con cortesía.

—Sé bienvenido a esta casa, Omar.

Traté de hechizar a Kareem con mi entusiasmo.

—¡Cariño! ¡La historia de Omar es una leyenda de nuestro pasado!

Kareem observó con escepticismo el colorista atuendo del eunuco.

—¿Ah, sí?

Yo no quería que juzgara mal a Omar, pues comprendí que aquel hombre menudo no había elegido el papel que le había tocado en la vida.

—¡Sí! Su misión ha sido desde siempre la de proteger a los demás. ¡Es un protector de mujeres!

En ese momento apareció Amani con unos cuantos pájaros posados en un brazo. Milagrosamente, nuestra hija había conseguido adiestrar a algunos.

Con una ancha sonrisa, Omar se puso de pie.

—Señorita, yo vi desde los arbustos cómo sacaba a esos pobres pájaros del palacio del amo Faddel. ¡Alá la recompensará por su bondad!

Nadie había alabado a Amani por proteger a los animales. Desarmada, sonrió a Omar y le miró con cariño.

La inicial tolerancia de Kareem empezó a tomar visos de alarma.

—¡Por Dios, Sultana! ¿Qué es esto? ¿También te has llevado al enano de Faddel?

—¡Omar no es ningún enano! —protesté—. Es un eunuco.

—¡Sultana! —exclamó Kareem desesperado, gesticulando con los brazos. Eso hizo que los pájaros echaran a volar presas del pánico.

—¡Padre! —gritó Amani.

Omar se apresuró a ayudar a Amani a reunir los pájaros. Tan pronto la puerta se cerró tras ellos, intenté aplacar a Kareem explicándole los incidentes de la mañana y por qué un eunuco avejentado y pintoresco estaba en nuestra casa.

Cuando Kareem empezó a comprender que no sólo había desobedecido sus órdenes volviendo al palacio de Faddel, sino que había originado un nuevo altercado durante una segunda misión misericordiosa, su tolerancia ante mi conducta se desvaneció.

—¡Que Alá me salve de los labios embusteros y las lenguas engañosas! —gritó. Las venas de su cara y su cuello se abultaron.

A continuación nos vimos envueltos en un combate de gritos. La discusión sólo cesó cuando la voz empezó a fallarnos. Después, traté de contar a Kareem la trágica historia de las muchachas sometidas por Faddel a cautiverio sexual, pero incluso la triste realidad de aquellas jóvenes prisioneras no consiguió hacer mella en su cólera.

Entonces añadí:

—Sé que primero hubiera debido consultarte, esposo mío. Pero estabas tan preocupado por el asunto de los pájaros que dudé en hacerlo. —Me incliné y apoyé una mano sobre su pierna—. Si no hubiese ido allí con Maha y hubiera intentado liberar a esas chicas, ella jamás me lo habría perdonado.

Él meneó la cabeza, enfadado.

—¿Qué has sacado con eso, Sultana? Esas jóvenes aún pertenecen a Faddel. ¡Nada puede cambiar la situación! Sabes muy bien que en este país nadie apoyaría la causa de unas chicas en esa situación. —Señaló hacia Omar y me susurró—: ¿Y qué has conseguido? ¡Añadir un eunuco viejo a una casa en donde no hace falta ninguno!

Kareem y yo nos sobresaltamos al oír que Omar se aclaraba la voz a nuestra espalda. Por la expresión de su arrugada cara, no había duda de que había oído los comentarios de Kareem.

—Me marcharé enseguida, señor —balbuceó Omar con voz sumisa y aguda—. Tiene razón. Un eunuco es una criatura inútil. Al menos en estos tiempos.

Le brillaban los ojos, y yo temí que el pobre se echara a llorar. Pero el triste semblante del eunuco ablandó el corazón de Kareem, privándole de su ira. A veces mi esposo puede ser muy sensible, y ésta era una de esas veces.

—Lamento mis imprudentes palabras, Omar. Ningún hombre es inútil a los ojos de Alá. Si Faddel no protesta por tu ausencia, puedes quedarte a vivir con nosotros.

La cara de Omar se iluminó.

—¡Oh, amo, nadie me echará de menos en ese lugar! Una vez partí de viaje con un visitante de Taif y estuve ausente cuatro meses. A mi regreso, no me cupo duda de que el amo Faddel y su esposa no habían notado mi ausencia.

»Otros sirvientes —prosiguió con tristeza— me contaron que Faddel y Khalidah habían expresado sus esperanzas de que yo hubiera muerto. ¡Esos dos me escatimaban incluso la poca comida que mi cuerpo necesita! —Acarició la tela de sus calzones de brocado—. El amo se negó a proporcionarme dinero para que me comprara un atuendo más apropiado. Por eso llevo esta ropa tan anticuada.

Kareem sonrió con compasión.

—Aquí podrás comer todo cuanto quieras, Omar. Y le diré a Mohammed que te proporcione nuevo vestuario. Si vas a vivir con nosotros, quiero que vistas adecuadamente.

Omar me miró con los ojos brillantes antes de volverse hacia Kareem.

—Amo, ¡Dios ha escuchado mis ruegos! ¡Yo sabía que una mujer buena como tu esposa tendría un marido bondadoso!

Miré de soslayo a Kareem pensando que se sumaría a los elogios de Omar, pero no fue así.

—Sólo una cosa, amigo mío —dijo palmeando la espalda de Omar—, no me llames amo. Ningún hombre es amo de otro. Llámame príncipe Kareem.

Omar asintió con la cabeza.

—Será difícil cambiar una vieja costumbre, pero lo intentaré, príncipe Kareem.

Sonriente, mi marido se retrepó en el sofá y llamó a los sirvientes para que nos trajeran té.

Yo estaba asombrada de que su tremenda ira hubiera sido tan rápidamente aplacada por aquel hombrecillo. Pero entonces recordé de qué forma me había consolado Omar la primera vez que lo vi, y comprendí que el eunuco poseía un influjo tranquilizador. Miré a Omar con otra idea en la cabeza. ¿No sería este hombre un regalo inesperado para mi sobreexcitada familia?

Kareem miró a Omar con dulzura.

—Cuéntanos algo de tu pasado, Omar. Yo tenía entendido que el último eunuco de Arabia Saudí había muerto hace años.

Omar pareció animarse.

—Será un gran placer contarte todo lo que quieras —dijo con excitación.

Sonreí. Omar adoraba contar historias a poco que le diesen pie.

Con naturalidad, se puso muy tieso y, arreglando cuidadosamente sus calzones, se sentó en el sofá con las piernas cruzadas. Sus ojos adoptaron una mirada distante al iniciar el relato de su vida.

—Recuerdo poco de *Bilad as-Sudan*, la «tierra de los negros», pero sé que la tribu de mi familia, los humr, eran ganaderos nómadas. Seguíamos las lluvias y los pastos crecidos. Eran tiempos peligrosos. Muchos jefes africanos trabajaban en colaboración con mercaderes musulmanes de esclavos y vendían a su propia gente. Toda madre humr vivía con temor a que le arrebataran a sus hijos.

Todavía recuerdo los ojos castaños de mi madre cuando me miraba, y su seria advertencia de que no me alejara de los miembros de la tribu... Yo era joven y necio, y no supe obedecerla.

»Todos los varones jóvenes de mi tribu tenían por meta ser alabados como buenos cazadores. Los niños siempre estaban cogiendo piedras para lanzarlas a los pájaros y otros animales pequeños. Yo no era distinto, y un día me alejé tontamente de la aldea. Me disponía a arrojar una piedra a una avutarda cuando alguien me agarró por detrás y me llevó de allí. Ya no volví a ver a mi madre.

Aun después de tantos años, Omar hubo de secarse unas lágrimas al pensar en ella.

—Pero eso fue hace mucho, mucho tiempo.

Me sentí muy triste por el niño que había sido arrebatado de su madre, y por el hombre que no había podido vivir la vida para la cual había venido al mundo.

Omar prosiguió en voz baja, sin mirarnos.

—No estuve solo en mi desgracia; muchos hombres, mujeres y niños habían sido sacados de sus aldeas y tribus. Nos llevaron atados unos a otros, a pie, hasta el mar Rojo. El viaje duró muchos días y muchas noches. Cuando por fin llegamos a la costa, un cristiano egipcio se entrevistó con nuestro jefe. Hablaron de algo concerniente a los cautivos jóvenes. El pánico se apoderó de todos los esclavos cuando oímos decir al hombre que algunos de los chicos más jóvenes iban a ser privados de sus tres preciosos regalos. Como no sabía muy bien a qué se referían, yo no opuse resistencia cuando me sacaron de la fila y me apartaron del resto de los cautivos.

Incómodo por el relato, Kareem lo interrumpió.

—Un momento. —Se volvió hacia mí—. Sultana, ve a la cocina y pídele al cocinero que nos prepare un refrigerio.

Comprendí su intención. No quería que yo estuviese presente cuando Omar relatara los pormenores de su castración. En nuestra conservadora sociedad, mi presencia habría sido impropia aun cuando Omar no fuese considerado propiamente un hombre. El pobre Omar tenía un triste e incierto futuro. No era hombre ni mujer; su estatus estaba ligeramente por debajo del de un hombre pero por encima del de una mujer.

No me opuse a la sugerencia de Kareem, pese a que ya me había preparado mentalmente para oír los horripilantes detalles de la castración. Sabía que en cuanto estuviéramos a solas, Kareem accedería a contármelo todo. Pero yo estaba demasiado impaciente y decidí que escucharía el resto de la historia con la oreja pegada a la puerta.

—Desde luego —respondí, saliendo de la habitación.

Corrí a la cocina y le pedí al cocinero que preparase un piscolabis variado a base de quesos, fruta y dulces. Volviendo de la cocina me aproximé silenciosamente a la puerta de la sala de estar.

Omar seguía hablando.

—... el hombre iba bien preparado para su cometido. La navaja estaba bien afilada y, sin que yo supiera lo que me iba a pasar, de repente me quedé sin mis tres cosas principales.

Kareem dio un respingo.

—¡No hay duda de que esos hombres se burlaron de las palabras de Alá con sus crueles actos!

—Ese día Alá no estaba por allí —dijo tristemente Omar—, aunque los muchachos que fueron sometidos a esa vejación sí invocaron su nombre.

Oí a Kareem inspirar hondo. Omar recordaba todos los detalles de su tortura.

—Me introdujeron un tubo en la abertura que quedó en el lugar de mi pene para que el orificio no se cerrara. Yo me estaba desangrando, pero la hemorragia cesó en cuanto el ayudante de aquel hombre echó aceite hirviendo sobre mis heridas. —Rió—. ¡Me enseñaron mis genitales metidos en un jarro mientras yo me retorcía de dolor! Guardé ese jarro durante muchos años, hasta que un bromista desalmado me lo robó.

—Es un milagro que no murieses tras aquella crueldad —acertó a decir Kareem.

—Como ves, sobreviví. Ese día castraron a diez chicos. Uno murió al instante. Al resto nos sepultaron en la arena hasta el cuello. —Volvió a reírse—. No sé a qué necio se le ocurrió que la arena caliente es un remedio para la supervivencia. Durante tres días y tres noches no nos dieron agua ni comida. Al final, de los nueve sólo quedamos tres con vida.

Las piernas empezaron a fallarme. ¡Era la historia más horrible que había oído en mi vida! Aunque yo sabía que antaño los eunucos eran muy valorados en muchos países, nunca había pensado en los sufrimientos de estos pobres hombres. Deseé que Dios hubiera reservado los lugares más calientes del infierno para los hombres ruines que habían cometido aquellos actos.

El pobre Omar continuó su trágica historia.

—Todo el mundo se congratuló cuando el cristiano tiró del tubo que me habían incrustado en el pequeño conducto que me quedaba para mear y empezó a salir líquido; aquellos hombres sabían que el que pudiese echar agua sobreviviría. Sólo dos de los tres que quedábamos con vida pudimos orinar, yo y otro chico. El cuerpo del tercero se envenenó con su propia orina y el pobre no tardó en morir entre gritos y terribles torturas.

»Al cuarto día los esclavos fuimos conducidos a bordo de un barco que zarpaba hacia un emporio de esclavos en Constantinopla. Yo había sobrevivido a la castración, y el traficante sabía que podía sacar mucho dinero de mí.

Era cierto. En esa época los eunucos eran muy solicitados para cuidar a las mujeres. En los aposentos femeninos sólo podían entrar hombres impotentes. Las palabras de Omar interrumpieron mis pensamientos:

—Así pues, el traficante nos trataba a los dos castrados mejor que a los otros esclavos. Nos alojaron en la cubierta superior y nos dieron de comer, mientras que los otros pobres hubieron de viajar en la sentina, apiñados. Que yo sepa, no les dieron agua ni comida. Para cuando llegamos al puerto de Constantinopla, muchos de ellos habían muerto.

Deduje que el relato de Omar había superado ya el momento en que Kareem juzgaría oportuno que yo escuchara, de modo que entré en la sala y tomé asiento.

—Sigue —le dijo Kareem a Omar—. No pasa nada.

El eunuco me miró y sonrió.

—Ya conté a la señora que un rico turco me compró. Poseía bastantes esclavos, pero sólo dos eunucos, y ambos estaban haciéndose viejos. Se me dijo que cuando fuese alto y fuerte, me ocuparía de guardar a sus mujeres.

»Mientras tanto, mi nuevo amo me llevó en peregrinación a La Meca. Mi amo murió estando en la gran mezquita y yo pasé a convertirme en propiedad de las autoridades de esa ciudad. Fueron ellos quienes me entregaron al abuelo de Faddel, a cambio de algún favor que le debían.

»No lo pasé mal con esa familia. Comía lo que comían ellos. A los catorce años se me encomendó guardar a las esposas y esclavas del amo. El tiempo transcurrió lentamente hasta que murieron el abuelo y el padre de Faddel. Como no tenía a donde ir me quedé en su casa. —Omar me miró a los ojos—. Faddel no se parece en nada a su abuelo ni a su padre, señora. —Hizo una pausa—. Replicarle significa que te envíen al infierno y te castiguen para toda la eternidad.

Suspiré al recordar las muchachas que ahora pertenecían a Faddel. ¿Podía el infierno ser peor que lo que esas chicas tenían que soportar? Me acordé de su esposa Khalidah. Ella sí podía ayudarlas, si quería. Hablé acaloradamente:

—¡Para mí, Khalidah es tan malvada como Faddel!

Omar contrajo sus endebles hombros.

—Si el amo de la casa toca la pandereta, no se puede condenar a la familia por bailar.

Kareem me miró risueño.

Con el instinto que dan muchos años de casados, supe que Kareem deseaba a menudo que yo bailara al son que él tocaba.

—Eso no pasará nunca —susurré mirándole.

Kareem rió y volvió a centrarse en Omar.

El eunuco se enderezó el turbante mientras sonreía a mi esposo.

—Pero hoy soy más feliz de lo que he sido en muchos años. Me alegro de estar con una buena familia.

En ese momento entraron varias criadas con el refrigerio. Los ojos de Omar centellearon a la vista de la comida y los dulces de miel. Kareem y yo contemplamos estupefactos cómo Omar engullía más alimento del que se podría imaginar en alguien que tuviera dos veces su tamaño.

Al anochecer, una vez a solas en nuestros aposentos, Kareem me dijo que había pensado mucho en Omar. Intentó convencerme de que no debía quedarse a vivir en Arabia, sino que lo mejor era enviarle a uno de nuestros palacios en el extranjero. Por su seguridad, era mejor que nadie en nuestro país supiera que el eunuco que había pertenecido a la familia de Faddel se había refugiado con nosotros.

Aunque Omar era legalmente libre, y Faddel ya había expresado su irritación por tener que albergar y dar de comer a un viejo eunuco, al primo no le iba a gustar nada que Omar hubiera preferido cambiar de familia. Y a saber qué intentaría para vengarse en la persona del sudanés.

Al principio la idea de enviar a Omar al extranjero me colmó de tristeza. Se le veía muy a gusto entre nuestra familia. Además, yo le adoraba, y tenía la corazonada de que su presencia podía traer un poco de paz a la vida doméstica.

Tras pensarlo toda una noche, sin embargo, la idea de que Omar pudiera vivir como hombre libre fuera de Arabia me hizo sonreír de satisfacción. Además, me dije, le veríamos cuando fuésemos al extranjero.

A la mañana siguiente, Kareem pasó un rato a solas con Omar. Se tomó la decisión de que Omar viviría en nuestra villa de Egipto. En ese populoso país repleto de egipcios, árabes y africanos, un hombrecillo negro de voz aguda no sería tan conspicuo. Y la asignación mensual que Kareem le ofreció daría a Omar una independencia económica que jamás había disfrutado.

Omar parecía muy contento de regresar al continente en el cual había nacido, y hablaba entusiasmado de hacer un viaje a Sudán a fin de localizar a algún miembro de su familia o tribu.

La felicidad que Kareem y yo sentimos a la vista de su júbilo nos trajo placer y satisfacción. El mismo Kareem hubo de reconocer que mi segunda excursión al palacio de Faddel se había saldado con algo positivo. Si bien mi visita no había beneficiado a las chicas, el eunuco podría vivir su vida de un modo que nunca había llegado a soñar.

Para cuando Omar partió hacia Egipto, ya todos le queríamos. Aquel hombrecillo se había convertido rápidamente en el confidente de todos los miembros de la familia. Para mi sorpresa, hasta Amani lloró al prometerle que recordaría cuanto le había dicho, y que haría lo posible por ser una musulmana más tolerante y amable que hasta ahora.

Todos esperábamos con ilusión el día en que pudiéramos ver de nuevo el rostro bondadoso de Omar.

EL PROFETA MAHOMA, DIFAMADO

Pocos días después de que Omar abandonara Arabia Saudí camino de Egipto, Kareem me dijo que él y Assad debían viajar a Nueva York para importantes negocios. Sabiendo que yo aún me dolía del destino de las chicas del harén de Faddel, Kareem pensó que me vendría bien distraerme con nuevas experiencias, y me propuso que fuese con ellos.

Yo no deseaba dejar mi país, y me sentí insultada pensando que él no se fiaba de dejarme en casa sola. Si Kareem creía que, una vez hubiera partido él, iba a porfiar en mis intentos de liberar a aquellas chicas, se equivocaba. No había forma de convencerle de que me había resignado a mi impotencia. Aunque deseaba fervientemente ayudar a esas chicas, poseo cierto sentido común. Me daba perfecta cuenta de que no podía solucionar el problema, tratándose de unas chicas que habían sido vendidas por sus padres y ahora vivían en un país cuyo gobierno no veía en eso ningún problema.

Pero cuando supe que Sara y dos primas nuestras, Maysa y Huda, iban a ir también a Nueva York, cambié de opinión y me ilusioné en acompañarlos.

Como la escuela había reabierto sus puertas tras el ramadán, Sara y yo convinimos en que nuestros hijos deberían quedarse en Riad con nuestra hermana mayor, Nura.

El día señalado, nuestro grupo voló a Londres en uno de nuestros reactores privados. Tras una breve escala allí, continuamos viaje a Estados Unidos.

Incluidas las tres doncellas que nos acompañaban —Afaaf, Libby y Betty— había siete mujeres en el avión. Para pasar el rato, empezamos a contarnos historias divertidas, pero nuestras carcajadas cesaron de golpe cuando Maysa cambió de tono para explicar algo que nos resultó horripilante.

Maysa es palestina y está casada con Naif al-Saud, uno de mis primos favoritos. Si bien vivaracha y atractiva, Maysa no es lo que se dice una mujer hermosa, pero cae bien a todo aquel que la conoce. Como niña nacida en Hebrón, en la Palestina ocupada, la infancia de Maysa ha estado llena de incidentes. Nuestra familia ha podido oír de su boca numerosas historias acerca de refugiados, batallas callejeras con los soldados israelíes y la participación de sus hermanos en la *intifada*.

Los árabes palestinos siempre han sintonizado más con los derechos de la mujer que los árabes del desierto. Reconociendo la inteligencia de Maysa, sus padres hicieron muchos sacrificios para que su hija pudiera estudiar. Maysa fue enviada a Beirut, a la prestigiosa Universidad Americana de esa ciudad. Fue allí donde conoció a Naif. La vivaz Maysa cautivó fácilmente el corazón de mi primo. Muy enamorados cuando se casaron, disfrutan de una unión más feliz que muchos matrimonios de nuestro país. Aunque Maysa y Naif sólo han tenido una hija, él jamás ha dado muestras del menor interés por tomar una segunda esposa al objeto de ampliar su familia.

Maysa es una persona afectuosa que siempre se interesa por los problemas de los demás. Cuando no le preocupan los niños que mueren de hambre en el Irak del embargo, entonces está pensando en las víctimas de un seísmo en Irán o en China.

Unas semanas antes del viaje a Nueva York, Maysa había regresado de su visita anual a Hebrón para ver a su familia palestina. En el curso de esa visita, Maysa había presenciado el espectáculo más espantoso que pueda imaginar un musulmán.

La voz le temblaba cuando empezó a relatar lo que había visto.

—¡Lo sabía! ¡Ese día no debimos haber salido! La situación

era conflictiva, ¡y yo no quería arriesgarme a que mi madre pudiera recibir una pedrada! Pero ella estaba impaciente e insistió en que fuésemos andando hasta la esquina y volver. Sólo queríamos tomar un poco el fresco, nada más.

»Cuando llegamos al final de nuestra calle, comprobamos aliviadas que todo estaba en calma, en vista de lo cual, decidimos recorrer una calle más. —Angustiada por el recuerdo, se palmeó la frente con la mano—. ¡Nunca debimos hacerlo!

»Vimos delante de nosotras a una joven que pegaba carteles en la pared. Creímos que se trataba de una valiente palestina pegando pasquines contra los israelíes.

Maysa volvió a palmearse la frente, más fuerte que antes.

—¡Cómo iban a saber dos ingenuas mujeres que era una sionista que atacaba a nuestro amado profeta! —Se dejó caer sobre el respaldo y gimió al recordarlo.

Sara le dijo con suavidad:

—No nos lo cuentes si para ti es tan doloroso.

Maysa se irguió en el asiento.

—¡Es preciso, Sara! ¡Todo musulmán debería conocer esta historia! —Maysa es una mujer religiosa, pero no tan esctricta para resultar cargante. Todos los pasajeros del avión, incluidos Kareem y Assad, estábamos atentos.

—Os diré una cosa: jamás he sentido conmoción más fuerte. Espoleadas por la curiosidad, mi madre y yo nos paramos frente a uno de los carteles. Tardamos unos momentos en comprender que lo que allí decía era algo que ningún musulmán debería ver jamás.

Se quedó mirando al frente, en silencio, hasta que Sara la animó a proseguir.

—Te lo aseguro, Sara. Hasta mis labios dudaban en pronunciar las palabras.

—¡Por el amor de Dios, Maysa! —clamé—. ¡Cuéntalo ya! ¡Nos tienes en ascuas!

Su cara palideció mientras nos miraba a todos. Su voz bajó hasta hacerse apenas audible.

—Era una caricatura del profeta. —Hundió la cara entre las manos antes de exclamar—: ¡En ese cartel se representaba a Mahoma como un cerdo!

Todas boqueamos horrorizadas, tras lo cual proferimos gritos de angustia. Yo conseguí mantener la compostura mientras agarraba con fuerza la mano de Kareem.

—¡Sí! ¡Allí, delante de mis ojos! ¡El profeta Mahoma pintado como si fuera un cerdo! Casi se me paró el corazón. Mi madre se desmayó allí mismo. ¡Tuve que pedir ayuda para llevarla de nuevo a casa! Todavía no se ha recobrado. Ya no ha vuelto a ser la que era.

La pobre Maysa se desplomó en su asiento.

—Desde entonces sufro horribles pesadillas. Cada noche se me aparece el profeta en sueños, ¡con el cuerpo de un hombre y la repugnante cara de un cerdo!

—Oh, Maysa —murmuró Sara, compadeciéndose—. Es terrible.

¡Soñar con nuestro amado profeta convertido en cerdo! Lamenté que Sara hubiera invitado a Maysa a venir con nosotras. Yo no deseaba contaminarme estando cerca de alguien que tenía sueños tan espantosos.

Maysa empezó a llorar.

—Te lo aseguro, Sara, hasta tengo miedo de cerrar los ojos, pues seguramente estoy cometiendo el peor de los pecados al no poder evitar esa pesadilla.

Sentí remordimiento por mi reacción inicial, y traté de mirar de otra forma a Maysa.

Libby, mi doncella filipina, dijo:

—Hace poco leí en un periódico que los enemigos de los países árabes revestían sus balas con grasa de cerdo para usarlas contra los musulmanes.

Todas conocíamos ese rumor. Si un soldado musulmán era herido o muerto por semejante munición, quedaba excluido automáticamente del paraíso. La religión islámica no permite que los musulmanes tengan el menor contacto con la carne de cerdo. El musulmán cree que con rozar simplemente la carne de un cerdo ya no podrá entrar en el paraíso.

Los sollozos de Maysa fueron en aumento, hasta el punto de que le rogó a Sara que la pellizcase o cualquier cosa con tal de que no se quedara dormida y tuviera su blasfema pesadilla.

Recé a Dios para que borrara esa imagen de la mente de Maysa. Abrumada por la tristeza, volví a mi asiento y noté que la doncella de Sara, Afaaf, estaba sola y llorando.

Hice señas a Sara y nos acercamos a Afaaf.

Sara le tocó el hombro.

—Afaaf, ¿te encuentras mal?

Su cara era la viva imagen de la desdicha. La muchacha intentó hablar, pero en vano. Finalmente, una vez Libby le hubo llevado un vaso de agua, Afaaf fue capaz de decir:

—Siento haber llorado, pero esta horrible historia me ha hecho pensar en cómo ha sido difamado nuestro santo profeta, y de tantas maneras distintas. —Se echó a llorar otra vez—. Su nombre y sus santas palabras son utilizados a menudo como arma de venganza y maldad, incluso por su propio pueblo. ¿No mancilla eso también al profeta?

Sara asintió en silencio.

Me quedé allí sin poder hacer nada mientras Afaaf sollozaba. Si alguien tenía motivos para llorar, ésa era Afaaf. Era una refugiada de Afganistán. Aunque había escapado a la guerra en su país, no había podido recobrarse de las terribles pérdidas sufridas allí. Afaaf se había quedado sola en el mundo. Su padres y un hermano había resultado muertos en la larga guerra que precedió a la llegada al poder de los brutales talibanes. Ella y su hermana pequeña habían quedado solas, sin protección masculina, en un país gobernado ahora por hombres resueltos a controlar hasta la última faceta de la vida de una mujer.

En 1994, cuando los que ahora gobiernan Afganistán llegaron al poder, se había dado un paso más en la represión de las mujeres. Mientras que la vida de las saudíes puede ser increíblemente adusta, yo sabía por Afaaf que en Afganistán la vida de las mujeres era mucho más dura y trágica que la nuestra.

Decididos a restaurar la pureza islámica, los talibanes habían lanzado una horrible ofensiva contra sus propias mujeres. No sólo las obligaban a cubrir sus caras y sus cuerpos con la *burqa*, un grueso manto aún más incómodo y desagradable que el velo y la *abaaya* saudíes, ¡sino que les prohibían incluso hablar en voz alta o reír en público! Aunque las mujeres iban totalmente ocultas por la *burqa*, los dirigentes aseguraban que la mera voz femenina tenía la facultad de excitar a los hombres. Por añadidura, a las mujeres se les prohibió ir a la escuela, maquillarse, llevar joyas o zapatos de tacón, y hasta trabajar para mantener a sus familias. Las mujeres afganas tenían prohibida toda actividad normal.

Los edictos del régimen talibán se hicieron extensivos a los niños pequeños. Ahora en Afganistán era un delito ver la televisión o un vídeo, jugar con juguetes, escuchar música e ¡incluso leer libros!

Con la llegada de los talibanes, la vida de Afaaf cambió radicalmente. Ella era maestra, pero ahora no le permitían enseñar. Antes había llevado el pelo corto, pero le habían dicho que para una mujer era un crimen cortarse el pelo.

Poco después de que los talibanes accedieran al poder, la hermana de Afaaf había sido sorprendida hablando con un hombre que no era pariente suyo. Ella no hizo más que preguntar a su antiguo vecino por el paradero de sus padres. Un grupo de muchachos presenció el intercambio de frases y exigió ver alguna prueba de que la hermana de Afaaf tenía algún parentesco con el hombre. Como eso no fue posible, puesto que ambos eran antiguos vecinos y nada más, la hermana de Afaaf había sido llevada ante el Departamento para la Protección de la Virtud y Combatir el Vicio, siendo condenada por un grupo de jueces, todos ellos hombres, a recibir cincuenta latigazos.

Afaaf tuvo que ver cómo ataban a su querida hermana a un poste y la azotaban con una correa de cuero. Ella había conseguido curar a su hermana, pero la pobre chica estaba tan afligida por el giro que había tomado su vida que ingirió una gran cantidad de veneno para ratas. Dado que las mujeres no podían ingresar en los hospitales, la joven había muerto en brazos de Afaaf.

Como no tenía nada más que perder, Afaaf huyó a la frontera con Pakistán. Después de introducirse en el país había sido empleada por uno de los hombres de Assad, que entonces se hallaba en Pakistán buscando personal de servicio para traerlo a Arabia Saudí.

Afaaf lloró con la cara entre las manos.

—Los musulmanes fanáticos —suspiró— difaman al profeta en su determinación de destruir la vida de todas las mujeres.

Yo estaba tan acongojada que sentí ganas de llorar. La pobre Afaaf era uno de los seres más tristes que yo conocía. Estaba realmente sola en el mundo, y todo porque unos hombres malvados habían malinterpretado intencionadamente las palabras del profeta en su obsesión por dominar al otro sexo.

Fui hasta un asiento de ventanilla y me senté. Presioné la cabeza contra el pequeño cristal. Después de cubrirme con una manta, cerré los ojos. Una gran alegría me embargó al pensar que yo vivía en Arabia Saudí y no en Afganistán. Casi me eché a reír de tan irónica ocurrencia, pues las mujeres corren bastante peligro en mi país. También en Arabia Saudí los fanáticos tienen la facultad de arruinar la vida de los demás.

Un año atrás ocurrió un espantoso incidente. Una joven de nombre Hussah, amiga de colegio de Maha, había descubierto el enorme poder que los hombres ejercían sobre las mujeres en nombre de la religión.

Hussah era una chica guapísima y encantadora. Sus notas daban fe de su inteligencia, y su efervescente personalidad le había ganado muchas amistades. Maha decía a menudo que con Hussah la escuela era menos aburrida.

La chica había venido a nuestro palacio en más de una ocasión, y yo también empecé a tomarle cariño. Ese sentimiento aumentó cuando supe que su madre había muerto el año anterior, y que a la nueva esposa de su padre no le gustaba Hussah. Pese a su tristeza, la joven siempre era amable y risueña.

Cuando Hussah tenía tres años, su familia se había trasladado a Egipto donde permaneció diez años. En Egipto, Hussah se había acostumbrado a una independencia mayor de la que la chicas disfrutan en la inflexible atmósfera saudí. Cuando la familia regresó a Riad, Hussah había aceptado el cambio sin quejarse, pese a sus años de libertad en aquel otro país. Vestía el velo y la *abaaya* en los lugares públicos, y no protestó por las otras restricciones impuestas a las mujeres.

Dentro de los seguros confines de su recinto familiar, Hussah era una chica moderna normal. Vestía vaqueros y camisetas estampadas, charlaba por teléfono horas enteras y pasaba mucho tiempo nadando en la piscina. Siempre le habían gustado las actividades deportivas, y le sabía mal que en Arabia Saudí las mujeres no pudieran competir en eventos como los Juegos Olímpicos. Este sueño es inalcanzable para las mujeres saudíes, así que las proezas natatorias de Hussah quedarán exclusivamente relegadas a su propia satisfacción.

El trágico destino de Hussah vino de la mano de su amor por la natación. Hussah solía ponerse bikini para darse su chapuzón diario, lo cual dejaba bien a la vista que la joven había sido bendecida con un cuerpo voluptuoso.

Por desgracia para ella, sus vecinos eran integristas islámicos. Cuando el hijo mayor de los vecinos divisó a la sexy Hussah con su breve traje de baño, la vida de la joven cambió radicalmente.

Aunque todos los hogares saudíes están protegidos por altos muros, los que viven en plantas superiores suelen tener vista sobre los jardines adyacentes. La familia de Hussah vivía en una villa de una sola planta, mientras que la casa de los vecinos tenía tres plantas. Si alguien miraba desde cierta ventana del tercer piso, podía disfrutar de una vista del jardín y de la piscina de la casa contigua. La mayoría de musulmanes optaría por sellar esa ventana por consideración al vecino, pero éste no era el caso.

El joven Fadi estaba estudiando para ser *mutawwa*. Tras observar a Hussah en biquini, se sintió tan inflamado de lujuria que compró una cámara con teleobjetivo y tomó muchas fotografías de la joven en la intimidad de su piscina. Cosas del destino, uno de esos días en que Fadi estaba sacando fotografías, la parte superior del biquini se soltó accidentalmente. Los suntuosos pechos de Hussah quedaron expuestos lo suficiente para ser fotografiados.

Imbuido de ese veneno que sólo los santurrones poseen, Fadi protestó ante las autoridades religiosas diciendo que Hussah era una pecadora y que, intencionadamente, le había enseñado sus pechos. Llevado de su fervor, llegó a decir que ella le había mirado y le había sonreído incitantemente un momento antes de bajarse el bañador. Declaró también que la acción de Hussah le había hecho pecar cuando soñó con arpías desnudas. A fin de recobrar su anterior estado de pureza, Fadi exigió que Hussah fuera apedreada hasta morir.

Si las autoridades locales hubieran hecho caso a Fadi, la pobre chica estaría en la tumba. Pero su padre se vio obligado a pensar que los años pasados en el extranjero y las pequeñas libertades que su hija había disfrutado antaño eran la causa de que Hussah se hubiera convertido en una exhibicionista. Los hombres religiosos que hablaron con él creían que la escolarización de las mujeres y su acceso a hobbies provocarían la decadencia de la sociedad saudí.

Acordaron generosamente no castigar a Hussah, siempre y cuando su padre tomara ciertas medidas represoras. Hussah tendría que dejar la escuela, se le prohibiría nadar y, lo más importante, se casaría en el plazo de un mes. Insistieron también en que el marido de Hussah fuese un hombre mayor que ella, habituado a dominar a mujeres caprichosas. De hecho, ya tenían alguien en mente. Pensaban que el padre de Fadi sería una buena elección puesto que ya tenía tres esposas, y sabían que era un hombre devoto y estricto. Él no permitiría que Hussah tuviera ocasión de mancillar el nombre de su familia. Por suerte para la chica, decían, el vecino en cuestión había visto la fotografía y había aceptado el deber moral de «enderezar» a tan malvada seductora.

No se mencionó el hecho de que Fadi era evidentemente un mirón, de lo contrario habría tenido la decencia de apartar la vista del jardín particular de otro. Tampoco se reconocía que la vista de la fotografía de Hussah podía haber encendido un deseo sexual, que no una obligación religiosa, en el ánimo del padre de Fadi.

Al principio, el padre de Hussah peleó por su hija pero, a la postre, se vio superado por los acontecimientos. Su nueva esposa se puso de lado de los *mutawwas*, diciendo que Hussah no era la chica virtuosa que ella había creído y que sin duda arruinaría la reputación de la familia con su conducta vergonzante. Abrumado por tanta presión, y creyendo que su hija recibiría un mayor castigo si él no se sometía a las autoridades religiosas, el padre de Hussah accedió al matrimonio.

En un momento, la vida de Hussah había pasado de una relativa libertad a la más absoluta opresión. Tras una rápida ceremonia, Hussah había conseguido telefonear una sola vez a Maha, pero su voz temblorosa calló cuando alguien cortó bruscamente la comunicación.

Teniendo en mente las vidas arruinadas de estas dos mujeres, me pregunté cómo era que tantos hombres educados en la fe islámica no recordaban que Mahoma jamás se cansó de alabar la infinita misericordia de Alá. Cada capítulo del Corán, a excepción de uno, empieza con la *bismillah*: «En el nombre de Dios el Compasivo, el Misericordioso.»

La triste verdad era que Afaaf tenía razón. Gran número de musulmanes varones difama al profeta al oprimir en su nombre a la mujer.

¿Qué podemos hacer las mujeres? En el mundo musulmán existe la creencia de que sólo el hombre puede interpretar el Corán. Si una mujer se quejara del trato que reciben otras como Afaaf o Hussah, esa mujer sería acusada de atacar nuestra fe, un crimen imperdonable y merecedor del más severo castigo.

Mis pensamientos fueron interrumpidos al oír a Maysa gritar en sueños, pese a sus denodados esfuerzos por no quedarse dormida. Como la desdichada Maysa estaba sin duda viendo a nuestro amado profeta convertido en cerdo, supe que sus sueños eran aún más inquietantes que mis especulaciones. Yo no hubiera querido estar en su lugar ni por toda la libertad del mundo.

ÁNGELES ROBADOS

Nuestro avión aterrizó en el aeropuerto de La Guardia, en Nueva York. Por fortuna pudimos pasar los controles de aduana e inmigración rápidamente pues uno de los funcionarios del consulado saudí en Nueva York estuvo allí para guiarnos y ver que se nos tratara como vips. Había diez limusinas esperando para transportarnos, con nuestro equipaje, hasta el hotel Plaza. Las mujeres estaban muy excitadas, así que tardamos un poco en decidir quién iba con quién y en qué coche.

Kareem empezó a gritar exasperado, diciéndonos que le recordábamos a una bandada de cuervos yendo de un sitio a otro. Las demás se calmaron y buscaron un sitio donde sentarse, pero yo permanecí de pie y me negué tozudamente a subir en la limusina hasta que Kareem se disculpara por su grosería.

Él vio que yo no estaba dispuesta a ceder, así que encogió los hombros resignado y dijo: «Perdona, Sultana. Y ahora, ¡haz el favor de subir al coche!»

Más o menos aplacada, me senté junto a Sara y Maysa. El chófer puso los ojos en blanco; sin duda no estaba habituado a los histriónicos despliegues de la realeza saudí. Pese a la desorganización, pronto estuvimos camino del hotel.

Kareem había reservado toda un ala del magnífico Plaza, desde siempre uno de nuestros hoteles favoritos cuando visitamos

Nueva York. En varias ocasiones, el personal del Plaza había demostrado su gran discreción a la hora de alojar invitados de los países ricos de Oriente Medio. Un servicio tan bueno no se olvida fácilmente.

Mientras íbamos hacia la ciudad, me maravilló ver las mujeres conductoras. ¡Es algo que nunca me canso de mirar cuando visito otros países!

En Arabia Saudí las mujeres no pueden conducir y puesto que semejante prohibición no tiene ningun fundamento de tipo religioso, es algo que siempre me ha enfurecido. Hace años, Kareem me llevó al desierto para darme unas clases de conducir. Aprendí, pero nunca he conducido un coche por las calles de nuestro país. Por si eso fuera poco, mientras una mujer de cuarenta años no puede llevar coche en Arabia Saudí, con frecuencia se ve a chavales de ocho o nueve años sentados al volante de un vehículo lleno de mujeres aterrorizadas. Algunos beduinos de mi país dan mejor trato a sus camellos que a sus esposas. En Arabia Saudí no es infrecuente ver cachorros de camello viajando en el asiento del acompañante de un camión con aire acondicionado mientras mujeres con velo viajan en la plataforma de atrás y a pleno sol.

Ver a las americanas conduciendo sin problemas por el denso tráfico de la ciudad me animó un poco. Seguramente, pensé, viajando por un país como Estados Unidos podría olvidar finalmente las desgracias que acontecen a tantas y tantas mujeres. La atmósfera que se respiraba me serviría de consuelo.

Desafortunadamente, como sucede a menudo en mi vida, ese deseo no me iba a ser concedido.

El trayecto en automóvil desde el aeropuerto hasta el hotel duró poco más de treinta y cinco minutos. Un segundo empleado consular había dispuesto medidas especiales de seguridad para nuestra llegada, de modo que fuimos acompañados directamente a nuestras habitaciones.

Las mujeres nos separamos en el pasillo. Excitadas, convinimos en no ceder a las molestias del *jet-lag*, que nos vestiríamos con la máxima rapidez, nos reuniríamos en la suite de Sara y saldríamos de compras, como todas esperábamos con ilusión.

Después que Kareem y yo hubimos inspeccionado satisfactoriamente nuestra suite, él se volvió y dijo sonriendo:

—Sultana, debo irme pronto, pero antes quisiera hacerte un regalo.

Le miré maravillada. ¿Qué sería ahora? Mi marido es un hombre generoso, que suele colmarme de costosos regalos en los momentos más inesperados.

Deslizó en mi mano una tarjeta de crédito de American Express.

—Esta tarjeta de platino es para que compres lo que quieras hasta un valor de medio millón de dólares americanos. —Mi expresión le hizo sonreír—. Querida, últimamente has tenido muchos problemas. Mereces divertirte un poco. Claro que —añadió—, con esta tarjeta dudo que puedas comprar ciertas joyas. Si encuentras algo que te gusta mucho, pide al encargado que te lo reserve y yo enviaré a uno de mis banqueros para que ultime la compra mañana.

Examiné la tarjeta. Era la primera vez que me regalaban una. Cuando compro en Arabia Saudí, nunca pago las compras. De hecho, raramente llego a saber el precio de las cosas que adquiero. Siempre dejo los detalles referentes al pago a uno de nuestros empleados. Estaba acostumbrada a señalar lo que me gustaba, sabiendo que alguien iría a pagar después. Aquí en Nueva York, sin embargo, me gustó pensar que no tendría que acompañarme ningún empleado y que yo sería la responsable de mis propias compras.

A continuación, Kareem sacó de su cartera un fajo de billetes americanos y dejó mi bolso literalmente repleto. Por tres veces me advirtió que no dejara ver los billetes a desconocidos; no quería que los ladrones de Nueva York se cebaran en mí.

En ese momento Assad llamó a la puerta y Kareem se fue con su hermano a la reunión de negocios.

Al fin sola.

Telefoneé a Libby y le pedí que viniese a mi habitación para prepararme el baño. Tras el largo viaje en avión, necesitaba refrescarme. Luego, mientras disfrutaba del baño, decidí que iría a comprar a Bergdorf Goodman, los almacenes favoritos de muchas mujeres Al-Saud.

Una vez vestida, me reuní con las demás en la suite de Sara.

Tras largas discusiones, se decidió que Sara y Maysa me acompañarían a Bergdorf Goodman.

Libby, Betty y Afaaf guardaron silencio, esperando instrucciones. Normalmente cuando íbamos de compras nos llevábamos a las sirvientas, pero hoy estábamos tan tristes por Afaaf que Sara y yo decidimos sorprenderlas con un plus en metálico y el día libre. Las tres sonrieron agradecidas antes de irse de compras a la Quinta Avenida.

La séptima mujer del grupo, la prima Huda, prefirió no acompañarnos. Para ella, las compras podían esperar. Dijo que iba a quedarse en su suite a disfrutar de la buena comida. De hecho, había encargado ya tres latas de caviar beluga, y ya se le hacía la boca agua pensando en pasar la tarde tomando caviar, bebiendo buen champán y viendo telenovelas americanas.

Me quedé mirándola, asombrada. ¿Cómo podía una mujer quedarse encerrada en un hotel —¡para comer!— en lugar de salir de compras por Nueva York? Las mujeres saudíes hemos estado tanto tiempo recluidas que se diría que nadie puede desdeñar una oportunidad como ésa.

Me encogí de hombros pero no hice nada para convencer a Huda. No era una de mis primas favoritas y no teníamos una relación demasiado estrecha. No concebía su obsesión por la comida, y hablar con ella implicaba acabar comentando algún plato especial que había preparado o probado. En nuestra familia se contaba la anécdota de que una vez Huda y su marido volaron a Francia sólo para asistir a una cena.

Sara era la única que soportaba sus largas conversaciones sobre temas culinarios. Por esa razón, Huda se había pegado a mi hermana, la cual era demasiado bondadosa para sacársela de encima. Así pues, suspiré aliviada de que no quisiera venir de compras.

Tardamos unos minutos en llegar a Bergdorf Goodman, pero para mí fue un paseo vigorizador, pues nunca me canso de esas sencillas libertades que la mayoría de mujeres del mundo dan por sentadas.

Aquí estaba yo, a plena luz del día, con mi ajustado traje de chaqueta azul de Armani, caminando por las calles atestadas de hombres. Aquí las mujeres no temían la súbita aparición de los *mutawwas*, la policía religiosa saudí, dispuestos a pegar con sus porras a la mujer lo bastante inmoral como para vestir de manera tan provocativa.

Sentí una gran alegría, y no poca vanidad. Siempre se me ha dicho que no he tenido la suerte de poseer unas piernas largas, como mis hermanas. Sin embargo, las mías son bien torneadas. Mis zapatos de tacón a juego realzaban mucho mis piernas. La brisa agitaba mis largos cabellos ondulados, que yo hacía ondear deliberadamente mientras hablaba con Sara y Maysa. Me sentí exuberante y contenta de poder mostrar mi cara libremente, lucir mi hermosa ropa y caminar por las calles de una gran ciudad... ¡todo sin la escolta de un hombre!

Pensé que las mujeres occidentales son más afortunadas de lo que creen. Eso me hizo pensar en Afaaf. Yo sabía que debía de estar disfrutando, incluso más que yo, de este su primer día de libertad.

Miré a Maysa y sonreí. Ella no se había molestado mucho en su aspecto. Sin embargo, un costoso traje negro disimula muchos defectos.

Sara se había puesto algo más discreto que Maysa y que yo, un sencillo vestido de seda color crema con cuello alto y manga larga, pero como siempre estaba preciosa.

Me sentí deliciosamente femenina y guapa cuando reparé en un grupo de hombres que nos miraban mientras pasábamos. Aunque mi elegancia atrajo inicialmente su atención, luego vi que sus miradas se demoraban en Sara, la cual no llegó a darse cuenta de que era el centro de tanta atención.

Una vez en los almacenes, hice lo que siempre hago cuando veo tal despliegue de mercancías: ¡comprar todo lo que me entra por los ojos! En poco rato había elegido quince trajes de noche para asistir a fiestas y bodas. Entres las mujeres Al-Saud hay mucha competencia, así que adquirí lo más nuevo y más original. No me molesté en probarme los modelos. Mi costumbre es comprar mucha ropa y luego regalar la que no me queda bien o no acaba de gustarme.

No fui del todo egoísta; encontré también maravillosos regalos para mis hijos y para Kareem.

Tan pronto le dije a una empleada que me llevaría una docena de blusas de seda de un mismo estilo y color, ella adivinó que éramos de la familia real saudí y avisó a uno de los encargados del establecimiento. Después de eso, el encargado nos acompañó mientras examinábamos la enorme colección de Bergdorf Goodman en ropa de diseño.

Al poco rato, más de diez empleados se ocupaban de cargar con las pesadas bolsas. Era evidente, por las caras de quienes nos rodeaban, que nuestra incursión a Bergdorf Goodman era todo un acontecimiento.

Aunque las compras de Sara y Maysa no ocuparon más de cinco bolsas grandes, yo necesité más de treinta. Pensé que Kareem tendría que reponer fondos adicionales a mi tarjera especial; pero me llevé una sorpresa cuando el encargado dijo que el total de mi factura ascendía a sólo 388.000 dólares.

Sara no se sorprendió cuando le mencioné el regalo de Kareem, ya que la mayoría de miembros de nuestra familia es inmensamente rica. De todos modos, nuestras compras son fruslerías comparadas con los negocios inmobiliarios que nuestros esposos realizaban mientras estábamos en las tiendas.

Maysa había nacido en una familia palestina de recursos modestos, y su reacción ante mi extravagancia fue de desaprobación. La oí murmurar casualmente: «Multiplicar las posesiones es incrementar las cargas.» Luego me miró y meneó tristemente la cabeza.

—Si Alá decidiera bendecirme con cien años más de vida —dijo—, yo nunca me adaptaría al incesante gasto a que está acostumbrada esta familia. En serio, Sultana, ¿no estás ya cansada de comprar tantos vestidos y joyas buenas?

No me ofendí por sus palabras. ¿Quién iba a enfadarse con una mujer de vida tan ejemplar y generosa como ella? Yo sabía que Maysa prefería invertir el dinero de su marido en los pobres. Una vez oí decir que Naif y Maysa mantenían a más de ochenta familias palestinas de Cisjordania; no sólo les daban alojamiento, ropa y comida sino que también pagaban la educación de sus hijos.

Abracé a Maysa para hacerle saber que no me había molestado. No obstante, no quise justificar mi estilo de vida, pues me sentía bien sabiendo que Kareem y yo damos a los pobres mucho más de lo que nuestra fe exige. ¿Qué más podíamos hacer?

A nuestro regreso de la exhaustiva aventura, fui a descansar a mi suite antes de bajar para la cena.

A media tarde, Kareem no había vuelto aún, y sabiendo que mi hermana y las otras mujeres del grupo debían estar descansando en sus habitaciones, me sentí inquieta y decidí telefonear a varias mujeres americanas con las que había trabado amistad años atrás.

Pronto me alegré de oír a Anne, una buena amiga, que al oír mi voz exclamó:

—¡Gracias a Dios que me has llamado, Sultana! Necesitaba hablar contigo, pero temía que en Riad alguien pudiera oír nuestra conversación.

Sonreí. Anne está convencida de que en mi país todos los teléfonos están intervenidos.

—¡Ha ocurrido algo terrible, Sultana! Una niña americana, de apenas cinco años, ha sido secuestrada y llevada a tu país. Su padre saudí se la arrebató a su madre americana. La madre está histérica, como es natural, y yo esperaba que pudieras ayudarnos a localizar a la niña.

La historia consiguió deprimirme. ¿Es que jamás podría librarme de estas cosas? Cada día oigo cosas sobre mujeres explotadas, maltratadas y violadas pero, a diferencia de muchas saudíes, nunca he podido aceptar que eso fuera un asunto de mujeres. Hace unos años llegué a la triste conclusión de que estas cosas no pasan únicamente en Arabia Saudí. ¡Era un fenómeno mundial!

Mis victorias en este sentido eran, por desgracia, escasas. Y ahora, mis esperanzas de olvidarme de todo aquello y disfrutar de unos días en América sin preocupaciones se venían abajo. Mi corazón lloraba ya por la niña y su madre. Sabiendo que Anne esperaba mi respuesta, inspiré hondo y dije:

—Ya sabes que en mi país es muy difícil ayudar a alguien en esa situación.

Con un deje de tristeza en la voz, Anne dijo:

—Lo comprendo, pero esperaba que tú pudieras hacer algo.

—¿El padre es miembro de la familia Al-Saud?

—No. No es de sangre real.

—Bueno, de todos modos, dime qué ha pasado. —Con un suspiro, miré el reloj de la mesita de noche. La cena tendría que esperar.

—Al margen de que puedas hacer algo, al menos esta madre se alegrará cuando le diga que he hablado contigo.

—Dime todo lo que sepas. —Encendí un cigarrillo. Esto podía ir para largo.

—La madre de la niña es Margaret McClain, profesora auxiliar en la Universidad de Arkansas, donde conoció a un estudiante saudí de nombre Abdulbaset al-Omary.

¿Al-Omary? Yo no conocía a ninguna familia de ese nombre. Pero, puesto que mi vida gira en torno a la familia real, eso no me extrañó.

—Por lo que he podido saber, el matrimonio entró en crisis al poco tiempo. Margaret dice que en cuanto estuvieron legalmente casados, el afectuoso pretendiente se volvió un marido celoso e irrazonable.

—No es extraño entre los musulmanes árabes —murmuré.

Yo no había llegado a descubrir la razón de este inquietante modelo de conducta en muchos árabes que cortejan a mujeres no musulmanas. Como en Arabia Saudí muy pocos hombres conocen a sus esposas antes del matrimonio, los hombres saudíes no tienen ocasión de ser cariñosos antes de la boda. Pero cuando se trata de un romance con mujeres extranjeras, ningún enamorado puede ser más encantador y atento que un saudí, por no decir cualquier árabe, sea sirio, egipcio, kuwaití o jordano. Palabras tiernas, regalos, promesas. Normalmente, no se hace mención de los problemas potenciales que pueden surgir de los diferentes estratos culturales y religiosos. Pero, una vez la mujer se deja convencer para el matrimonio, el hombre se vuelve muchas veces un tirano abusivo y grosero con su mujer, cuando no demasiado interesado por otras mujeres bonitas.

Las diferencias de religión y cultura pueden crear serios problemas conyugales. La forma de vestirse de la mujer, que fue celebrada con cumplidos durante el noviazgo, se considera ahoa demasiado incitante. Y si ella se atreve a hablar con otro hombre, se la acusa de las cosas más graves.

Lo que pocos no árabes comprenden es que todos los hombres árabes están acostumbrados a hacer la suya en cualquier situación familiar. No habrá paz en el hogar hasta que se le reconozca como jefe indiscutible, un hecho del que muchas esposas no árabes no se percatan hasta que ya es tarde.

He sido testigo de este proceso en muchas ocasiones, pues varios de mis primos se han casado con europeas y americanas. Estos primos saudíes proclaman adorar a sus mujeres foráneas hasta que, ya casados, de pronto parecen detestar todo cuanto previamente habían afirmado les encantaba.

Cuando empiezan a tener hijos, el marido insiste invariablemente en que deben recibir una educación exclusivamente musulmana. La herencia religiosa de la madre se considera algo sin importancia.

Si se llega al divorcio, la mujer corre serio peligro de perder la custodia de sus hijos. La ley islámica dice que las madres sólo pueden retener a los hijos varones hasta que cumplen los siete años, y aunque las hijas pueden quedar con sus madres hasta la pubertad, en los países musulmanes la edad de la pubertad en las mujeres puede empezar incluso a los ocho años. Y, si un árabe saudí decide reclamar la custodia de sus hijos o hijas, sea cual sea su edad, la madre no tiene amparo de la ley. Si los hijos viven en otro país, los padres árabes suelen robar a sus hijos y traérselos a su propio país. Pocos gobiernos árabes interfieren en favor de la madre cuando un árabe tiene la custodia de sus hijos.

Anne siguió contándome la historia.

—Margaret tenía una hija, Heidi, de Abdulbaset, pero la pareja se divorció poco después de nacer la niña. Aunque Abdulbaset profirió repetidas amenazas respecto a que no permitiría que su hija fuese educada en Norteamérica, él seguía estudiando aquí. De modo que, temporalmente, Heidi estuvo a salvo. O eso pensó Margaret.

»Luego, hace unos meses, Abdulbaset fue a buscar a Heidi como todos los fines de semana. Pero pasó éste y él no devolvió la hija a su madre. La pobre Margaret no ha vuelto a ver a Heidi desde entonces. Hace una semana recibió una llamada de Abdulbaset diciendo que tenía a Heidi con él en Arabia Saudí.

—Pobre mujer —murmuré, preguntándome cómo podía una madre soportar semejante pérdida.

Anne bajó la voz:

—Sultana, Heidi es la hija pequeña de Margaret. Sus otros dos hijos, de un primer matrimonio, son mucho mayores que ella. Toda la familia está desesperada. Nunca he sentido tanta pena por nadie.

—Yo misma me siento acongojada pensando en su desgracia —dije.

—¿No podrías hacer algo? La pobre Margaret está desesperada.

Empecé a pensar a toda prisa. ¿Qué podía hacer? ¿Qué clase de ayuda podía ofrecer a Margaret? Sinceramente, no se me ocurría nada. Al final pregunté:

—¿Y tu gobierno? Esa mujer debería llevar su caso ante el presidente.

Anne rió.

—¡Ningún ciudadano americano de a pie puede hablar personalmente con el presidente por un asunto como éste!

—¿No? —pregunté sorprendida—. En Arabia Saudí, hasta el hombre más sencillo puede dirigirse al rey. No es infrecuente que muchos pequeños problemas relativos a los ciudadanos saudíes sean solucionados por el monarca en persona. De hecho, nuestro rey viaja regularmente por todo el país visitando las diversas tribus de forma que la gente pueda hablar con él. —¿Cómo iba a ser más difícil ver a un presidente que a un rey?

—No, Sultana. Aquí las cosas son de otra manera. América es demasiado grande. Por supuesto, Margaret se ha puesto en contacto con el Departamento de Estado. Pero nuestro gobierno puede hacer muy poco cuando el problema afecta a la soberanía de otro país.

—No lo entiendo. Una niña americana ha sido arrebatada de su madre. ¿Cómo es que tu gobierno no interviene?

Por lo que yo había visto de los soldados americanos en Arabia Saudí, me imaginaba que podían asaltar la casa de ese Al-Omary y devolver simplemente la niña a su madre. ¿Qué sentido tiene un gobierno que es incapaz de algo tan sencillo como devolver un hijo a su madre?

—No, no... Al parecer, si la niña está en Arabia Saudí debe regirse por las leyes de tu país. Todo está en manos de tu gobierno. —Anne dudó—. Pero los saudíes se negarán, claro.

Temí que la pobre Margaret no recuperara nunca a su hija.

—¿Qué sabes de ese Abdulbaset al-Omary? —pregunté—. ¿Dónde trabaja? ¿Dónde vive?

—Margaret nunca ha estado en Arabia Saudí, no tiene la menor idea de dónde vive él. Tiene un título de la Universidad de Arkansas, está cualificado para enseñar programación de ordenadores. Pero como Abdulbaset regresó hace poco a Arabia Saudí, Margaret no sabe si está trabajando ni dónde.

—Mmmm. —Estaba pensando en cómo ayudar. Era preciso conseguir una dirección o un número de teléfono—. Anne, yo no puedo rescatar a esa niña. Tú lo sabes muy bien. Pero si la madre pudiera proporcionarte fotografías de Heidi y su padre, además de una dirección y un teléfono, yo haré lo que pueda para localizarla. En todo caso no abrigues muchas esperanzas.

—Tengo una foto reciente de Heidi, pero habrá que pedir a Margaret una foto del padre, y no sé si tendrá alguna dirección o número de teléfono.

—Su acción es una vergüenza para todo saudí y todo musulmán —dije.

—Margaret dice que Abdulbaset afirma ser un devoto musulmán.

—Créeme, Anne, ningún buen musulmán le robaría un hijo a su madre.

Antes de terminar nuestra charla, Anne prometió enviarme al hotel Plaza toda la información que pudiera reunir.

Suspiré, abrumada por deprimentes visiones de la pobre Heidi al encontrarse en un país desconocido, lejos de su madre. Mi congoja se transformó en cólera, y ésta en odio hacia todos los hombres.

Cuando Kareem regresó al hotel me negué a responder sus preguntas sobre mi día de compras. Confuso por mi hosquedad, insistió en interrogarme hasta que yo salté.

—¡Tú y todos los hombres de la tierra deberíais ser azotados, Kareem!

Mi marido se quedó boquiabierto de sorpresa, y su cómica expresión me animó finalmente a contarle el motivo de mi preocupación.

—He telefoneado a Anne.

Kareem apretó los labios. Aunque Anne le cae bien, Kareem cree que es una mujer que antes de pasar por una verja abierta treparía una tapia.

Pero yo sé que la testarudez de Anne es fruto de su sincero deseo de ayudar a la gente, y, por ese motivo, yo la quiero y la admiro. Le conté a Kareem mi conversación con Anne. Su reacción fue la que yo había esperado. Pese al hecho de que Kareem es más solidario que muchos hombres árabes con la causa feminista, no le gusta perder tiempo con problemas que juzga imposibles de resolver.

—Sultana, ¿cuándo aprenderás que es del todo imposible que una mujer pueda resolver los problemas de todas las demás mujeres?

—Es por eso por lo que necesitamos la ayuda de los hombres, ¡de hombres con poder!

Él meneó la cabeza.

—Me niego a ser implicado en esto, Sultana. Se trata de un problema personal que nadie mejor que la propia familia puede resolver.

¡No pude resistir por más tiempo las ganas de pegarle un puntapié! Apunté a su pierna, pero fallé.

Kareem me agarró entre risas. Yo me eché a llorar. Sin la ayuda de nuestros hombres, ¿cómo íbamos las mujeres a cambiar nuestro destino? ¡Ellos poseían todo el poder político!

En su deseo de alterar el cariz de la velada, Kareem empezó a besarme la cara y me dijo:

—Es que me preocupas, Sultana. —Me acarició la espalda—. Tienes unos hombros tan pequeños, cariño, y sin embargo te empeñas en cargarlos con el peso de todos los problemas que afligen a las mujeres.

Me negué a responder.

Kareem me miró detenidamente antes de añadir:

—Querida, te he traído un regalo muy especial. Lo guardaba para más tarde, pero creo que ahora es el momento apropiado.

Me resistí a sus intentos de besarme en los labios. No me interesaba otro de sus lujosos regalos.

—No es lo que crees, cariño. —Hizo una pausa—. Te he escrito un poema.

Me quedé sorprendida.

Los árabes somos más «gente de oído» que «gente de libros», y a menudo nos sentimos inclinados a expresar nuestros más íntimos sentimientos componiendo poemas y leyéndolos en voz alta. Sin embargo, Kareem era de los pocos árabes que raramente organizaba pensamientos y emociones en forma de poema. Mi marido tiene una mente analítica, cosa que yo atribuyo a sus estudios de derecho.

—Siéntate, cariño —dijo, llevándome hacia una silla.

Lo hice.

Él se arrodilló en el suelo, tomó mis manos en las suyas y me miró a los ojos. Su voz clara y vigorosa se volvió un susurro de amante al declamar:

Ve tú delante.
Pasa la puerta antes que yo.
Sube a la limusina mientras yo espero a tu lado.
Entra en las tiendas mientras yo espero detrás, guardándote la
[espalda.
Siéntate a la mesa delante de mí.
Prueba los más sabrosos bocados mientras yo espero en silencio.
Mi deseo es que vayas tú delante, en todos los aspectos de la vida
[terrena.
Sólo una vez me anticiparé a ti,
Y eso será en mi último adiós.
Pues cuando la muerte nos reclame, tú has de ser la última.
Pues yo no puedo vivir un solo segundo sin ti.

Kareem me besó las manos.

Me embargó tal emoción que no fui capaz de hablar. Al final, conseguí decir:

—Kareem, es la cosa más hermosa que has dicho jamás. El regalo más precioso que podrías haberme hecho, lo acabas de poner a mis pies. —Y añadí—: Una cesta de diamantes no me daría tanto placer.

Él arqueó las cejas:

—Vaya. Ten cuidado con lo que dices, Sultana, o regalaré la cesta de diamantes a unos mendigos.

Sonreí. Él me acarició la cara.

—Bueno, Sultana. Dime, ¿lo has pasado bien de compras?

Sentí un latigazo de culpa. Soy muy afortunada de tener un esposo que me da todo cuanto deseo.

—Por supuesto, cariño. Lo he pasado de maravilla. He comprado cosas preciosas. No hay hombre tan generoso con su familia como tú.

Mis palabras lo complacieron mucho.

Para nuestros esposos saudíes es una fuente de orgullo el ser capaces de adquirir todo cuanto sus esposas e hijos puedan desear. Entre los hombres de la familia Al-Saud existe una reñida competencia pues todos intentan superar al otro comprando los más extraños adornos y las más preciadas posesiones.

Pero, en el fondo, todas aquellas chucherías que se podían comprar con dinero ya no daban tanta alegría ni felicidad a la mujer de Kareem.

Antiguamente, yo buscaba solaz a mis problemas comprando toda clase de cosas, hermosas y muy caras. Pero algo había cambiado. Me di cuenta de que mis salidas para derrochar dinero ya no iban a proporcionarme la necesaria consolación psicológica. ¿Qué me estaba pasando? ¿Me estaba volviendo como Maysa? Un cambio radical de personalidad desbarataría todo lo que de familiar había en nuestras vidas. Kareem no sabría cómo reaccionar ante una mujer que había perdido su afición a las joyas caras y la ropa bonita. No quería levantar una barrera entre mi marido y yo. En algún momento tendría que compartir con Kareem esta nueva y extraña sensación. Pero hoy no. Ambos estábamos muy cansados.

Kareem se quedó intranquilo por mi abatimiento y, como iba a estar muy ocupado con sus reuniones de negocios, pidió a Sara que no me perdiera de vista durante el resto del viaje.

Sara insistió en que aprovechásemos todo lo que Nueva York podía ofrecer, y así lo hicimos. Vimos dos obras en Broadway, visitamos el Museo de Historia Natural y el Guggenheim, y cenamos en varios de los mejores restaurantes del mundo: Le Bernardin, Le Cirque, Lutèce y The Quilted Giraffe.

El día entes de nuestro regreso, recibí el paquete prometido por mi amiga Anne. Examiné su contenido. Me alegré de que incluyera una foto en color de la pequeña Heidi. Era una niña preciosa.

Me adjuntaba también varias páginas mecanografiadas con información sobre otros niños robados por padres saudíes a madres americanas y sacados del país sin autorización. Me sorprendió saber que más de diez mil niños, de los cuales casi dos mil eran americanos, habían sido arrebatados a sus madres no árabes por sus padres saudíes y vivían actualmente en Arabia Saudí.

Mientras leía las historias de esos niños que no habían vuelto a ver a sus madres, lloré. El dolor de perder un hijo era peor que cualquier cosa; de eso estaba convencida.

Hojeando el material vi una fotografía del padre de Heidi, Abdulbaset al-Omary. Físicamente no carecía de atractivo, pero, a sabiendas de cuál era su comportamiento, no pude encontrar en él nada que admirar.

Si pudiera dar con ese hombre, pensé, le rogaría que devolviera la niña a su madre. Por desgracia, Margaret McClain no había conseguido descubrir una dirección o número de teléfono de su ex marido, y las probabilidades de encontrar a Heidi eran sumamente escasas.

Partí de Nueva York en plena melancolía. Mi estado de ánimo se mantuvo bajo durante el trayecto en avión con mi familia y mis amigas. Me mantuve aparte sin ganas de compartir la atmósfera jovial de los otros pasajeros.

Sara me miraba protectoramente, pero no hizo ningún intento de atraerme hacia el círculo de las mujeres. Huda estaba absorta contando una larga historia de no sé qué plato que había probado en Bouley's, uno de los mejores restaurantes franceses de Nueva York. Sara sabía que me incordiaba la absurda obsesión de Huda con la comida.

Con todo y las excitadas voces, me perdí en mis tristes pensamientos sobre los niños robados a sus madres.

Después volví a Heidi. ¿Qué futuro podía esperar a esta niña? Por lo que había leído sobre su padre saudí, la pobrecilla sería educada en un estricto hogar musulmán. Dentro de poco la obligarían a llevar el velo, pues en mi país muchas niñas musulmanas son obligadas a ponérselo antes incluso de alcanzar la pubertad. A partir de eso, Heidi sería instada en breve tiempo a casarse con un hombre al que no conocería hasta la primera y horrible noche en el lecho conyugal.

Traté de dormir, pero el descanso me estaba vedado. Tras varias horas rebulléndome en el incómodo asiento, Sara se me acercó para decir que dentro de poco íbamos a aterrizar. Pasaríamos la noche en Londres antes de seguir camino hacia Arabia Saudí.

De haber sabido que durante nuestra corta estancia en Inglaterra íbamos a ser humilladas por la enorme cobertura informativa de un juicio seguido contra un saudí, habría implorado a Kareem que hiciera dirigir el avión hacia París en lugar de Londres.

DECAPITACIÓN

A nuestra llegada al aeropuerto nos esperaban horribles titulares de prensa: las palabras más destacadas eran «Arabia Saudí» y «decapitadas».

—¿Qué está pasando? —le pregunté a Kareem, alarmada por mi familia.

Él habló en voz queda mientras nos guiaba por los pasillos.

—Es el caso de las dos enfermeras británicas. Parece que las han encontrado culpables de asesinato.

—Ah, sí. —Recordé el incidente que tanta expectación había levantado en el extranjero.

Todo había empezado un año atrás cuando dos enfermeras británicas, Deborah Parry y Lucille McLauchlan, habían sido arrestadas en Arabia Saudí como sospechosas de haber asesinado a Yvonne Gilford, una enfermera australiana. Y ahora, mientras nosotros estábamos en Nueva York, un tribunal saudí las había declarado culpables de asesinato. Los británicos abolieron hace mucho la pena capital, pero en Arabia Saudí los acusados de asesinato todavía sufren pena de muerte. Estábamos entrando en una ciudad sin duda conmocionada ante la idea de que dos ciudadanas británicas perdieran la cabeza bajo la espada de un verdugo saudí.

Tuve un escalofrío. Aunque opino que el asesinato es un crimen que exige un castigo inflexible, la idea de las decapitaciones siempre me ha resultado espantosa.

En realidad, mucha gente considera primitivo todo el sistema judicial musulmán. La ley islámica, o *sharia*, es la base del derecho penal y criminal en Arabia Saudí. El Corán y la *sunnah*, conjunto de tradiciones basadas en las sentencias de Mahoma, son la base de la *sharia*. Pero, a diferencia de las leyes de muchos países occidentales, la *sharia* pone los derechos de la sociedad por encima de los del individuo.

Los castigos que se imponen por quebrantar las leyes islámicas son sumarios y severos. Asesinos y violadores son decapitados; los adúlteros, lapidados hasta morir; a los ladrones se les amputa la mano derecha. Otras penas incluyen flagelaciones públicas, así como condenas a prisión y sanciones económicas, más aceptadas universalmente. Estos severos castigos podrán parecer crueles, pero en la mayoría de países islámicos el índice de criminalidad es menor que en muchos otros.

Saber que todo nuestro sistema de justicia estaba bajo el punto de mira de los medios informativos británicos hizo que nuestro grupo se sintiera deprimido mientras los chóferes nos llevaban hacia la capital.

En cuanto llegamos a nuestro apartamento en Knightsbridge, Kareem y Assad fueron a la embajada de Arabia Saudí para enterarse de las últimas noticias.

Mientras nos instalábamos, las mujeres nos dedicamos a hojear los periódicos que Kareem había comprado en el aeropuerto.

Las crónicas de lo que estaban pasando aquellas dos enfermeras británicas llenaban las primeras páginas. En ellas se condenaba sin excepción hasta el menor aspecto de las costumbres saudíes en materia de justicia. A la prensa parecía molestarle sobremanera el hecho de que nuestra sociedad «primitiva» permita que las familias afectadas tengan voz en el castigo de los convictos.

En Arabia Saudí, la familia de la víctima tiene derecho a exigir que el asesino muera de la misma forma, o en otra que ellos elijan. Se han dado casos, es cierto, de familias que optan por infligir al asesino la misma muerte que la sufrida por su ser querido, por ejemplo, a puñaladas o incluso ser atropellado por un automóvil.

Sin embargo, los saudíes suelen aceptar mayoritariamente la sentencia normal de muerte por decapitación.

Los familiares de las víctimas tienen una segunda opción, la de reunir el «precio de la sangre» a cambio de perdonarle la vida al convicto de asesinato. Si antaño se utilizaban camellos como precio de la sangre, hoy en día el pago se hace en riyales o en dólares. Existen indemnizaciones fijas en función de las circunstancias, que van desde 120.000 a 300.000 riyales. Por supuesto, si la víctima es mujer, el precio de la sangre es la mitad que el de un hombre.

En el presente caso, las dos enfermeras habían sido declaradas culpables de asesinar a otra mujer. La prensa británica informaba que la familia de la víctima había sido ya preguntada sobre la posibilidad de aceptar el precio de la sangre tal como prevén las leyes saudíes, aunque dicha familia residía en Australia. Frank Gilford, el hermano de la víctima, se había escandalizado ante la idea de que la vida de su hermana pudiera comprarse o venderse, y rechazó airadamente la oferta del precio de la sangre.

Estuve de acuerdo con él. Yo también habría rechazado esa oferta. ¿Cómo se puede poner un valor monetario a una vida humana? Ojalá los hombres de Arabia Saudí tuvieran el mismo grado de estima por sus mujeres que los hombres de Occidente, pensé, comparando la reacción de Frank Gilford con una historia ocurrida recientemente en mi país.

Todo había empezado cuando un extranjero que conducía ebrio arrolló a un automóvil donde viajaban mujeres, matando a dos saudíes. El delito era grave y doble: por un lado beber alcohol, por otro el homicidio; así pues, el extranjero fue encarcelado. Él estaba seguro de que le condenarían a muerte y su única esperanza consistía en persuadir al esposo de las dos muertas de que aceptara el precio de la sangre. De lo contrario, sería decapitado.

Aunque, en casos similares, la mayoría de árabes saudíes prefiere el «ojo por ojo», el abogado defensor preparó una petición de gracia ofreciendo el precio de la sangre.

El día de la vista, nadie se sorprendió tanto de la reacción del marido como el extranjero y su abogado defensor. El esposo de las dos víctimas se plantó ante el juez saudí y dijo: «Su señoría, solicito que el preso sea puesto en libertad. No reclamo su muerte ni tampoco su dinero. Esas dos mujeres eran esposas que yo había tomado siendo muy joven, y ya estaban demasiado viejas para serme de alguna utilidad.» El hombre había mirado al acusado y, con una sonrisa, añadió: «Me alegro de librarme de ellas, porque ahora podré sustituirlas por dos más jóvenes.» Según la ley, el juez saudí no tenía otra opción que poner en libertad al afortunado extranjero.

Se dijo también que el marido había dado incluso las gracias al causante de las muertes, ya que hacía tiempo que deseaba divorciarse de esas esposas, pero ¡no había querido aceptar un arreglo económico!

Una vez más, pensé en la buena suerte de las mujeres de otros países. Muchas saudíes no conocen lo que es sentirse apreciada.

Volví a centrarme en el destino de las enfermeras británicas. Conocido el fallo, y con una ejecución en puertas, el interés general estaba en su apogeo. Aunque en Arabia Saudí han decapitado a bastantes mujeres musulmanas, ninguna occidental ha sufrido jamás tan cruel destino.

La tensión entre los gobiernos saudí y británico iba en aumento. Si a los británicos les horrorizaba la idea de que dos compatriotas pudieran ser víctimas de un verdugo saudí, a los saudíes les enfurecían las críticas de los británicos a su sistema penal.

Huda interrumpió mis pensamientos al levantar la vista del periódico.

—Estos ingleses no deberían quejarse de que en nuestro país se aplique la pena capital. Saeed al-Sayaf, el verdugo oficial, es muy diestro con la espada. Mi marido presenció una vez una decapitación y elogió mucho el trabajo de Saeed. Esas británicas tienen suerte de estar en manos de un verdugo tan experto. —Huda chasqueó la lengua—. Quedarse sin cabeza será cosa de un momento. No sufrirán ningún dolor.

Sara miró a Huda con horror.

Me quedé paralizada con la mano en la garganta. Yo también sabía algo de ese Saeed al-Sayaf, pues varios años atrás había visto cómo le entrevistaban en televisión. Era imposible olvidarse de él. Sus joviales maneras contradecían su espeluznante cometido; jamás olvidaré las horribles cosas que dijo.

Saeed al-Sayaf es funcionario del Ministerio del Interior. Verdugo desde muy joven, ha empuñado su espada en numerosas ocasiones y ahora está enseñando el oficio a uno de sus hijos. Para las decapitaciones, Saeed dijo utilizar una espada especial que le regaló el príncipe Ahmad bin Abdul Aziz al-Saud. Saeed se encarga también de crímenes menores, como el robo. Recordé cómo había explicado que empleaba cuchillos muy afilados para cercenar las muñecas de los ladrones, pues resultaba difícil asestar un golpe certero en un blanco tan pequeño como una muñeca con un arma tan grande como una espada.

Saeed había afirmado entre carcajadas que lo suyo era cortar cabezas. Expresó también su gran desilusión porque el auge económico de Arabia Saudí hubiera hecho descender el índice de criminalidad. ¡Casi dijo que se aburría!

Luego había hablado de sus más memorables decapitaciones. Por supuesto, después de cortar más de seiscientas cabezas y sesenta manos, Saeed tenía muchas anécdotas que contar.

La historia más espantosa y que jamás he olvidado era sobre dos condenados, cómplices de un crimen, que fueron ajusticiados juntos. Esto era antes de la práctica actual de vender los ojos del condenado. En consecuencia, el segundo hombre vio cómo la espada de Saeed cortaba el cuello de su compinche; la cabeza cercenada cayó a sus pies. El superviviente alzó los ojos y vio que Saeed se disponía a descargar su espada. Rodó desmayado al suelo. Tras examinarlo, el médico de la ejecución declaró que había muerto de un ataque cardíaco. Mientras se llevaban el cuerpo de su amigo para darle sepultura, el otro revivió. Llamaron de nuevo al verdugo, y el hombre imploró que le salvaran la vida. Jamás olvidaré la perversa sonrisa de Saeed cuando se reía al recordar lo que debió de ser uno de sus mejores días. Saeed, claro está, no podía acceder a semejante ruego, y el criminal murió decapitado inmediatamente.

Huda volvió a hablar:

—Las inglesas son culpables de asesinato, de eso no hay duda. Deben pagar por su crimen contra Alá.

Sara, siempre compasiva, miró a su prima sin creer lo que estaba oyendo.

—¡Huda! No lo dirás en serio, ¿verdad?

—¿Cómo que no? Si un ciudadano saudí comete un crimen en Inglaterra, o en Estados Unidos, ¿no debe responder por su crimen? —Huda hizo un gesto desdeñoso—. ¿Es que no significan nada nuestras leyes musulmanas?

Maysa habló al tiempo que agitaba un periódico.

—¿Has leído esto, Huda? Es muy posible que sean inocentes. Aquí dice que fueron torturadas por la policía saudí. Estas cosas pasan, ya lo sabes.

Huda la miró con desprecio:

—No seas tan ingenua, Maysa. ¡Pues claro que son culpables! ¡Es lo que falló un tribunal saudí! Además, ¿qué otra cosa puede objetar un criminal extanjero sino brutalidad policial? ¡Un típico truco occidental para eludir el castigo! —Huda se puso de pie y se arregló el vestido—. Hablar de esto me pone furiosa. Creo que diré a la cocinera de Sultana que me prepare esa nueva receta que descubrí en Nueva York.

Mi hasta entonces disimulada aversión por Huda estuvo a punto de emerger. Cuando hablé lo hice lo bastante alto para que ella me oyera:

—Tal parece que el glotón tiene un insaciable apetito de sangre, aparte de comida.

Huda fingió sentir fortísimos dolores de pecho, pero Sara y Maysa corrieron a su lado. Mientras se la llevaban, Huda gritó que tenía un ataque de corazón y que alguien debía avisar a su marido para que se ocupara del funeral.

Nuestras sirvientas se alarmaron, pero yo las tranquilicé.

—No os preocupéis. Aunque Huda se morirá de un ataque, su destino no tiene nada que ver con mis palabras sino con las espesas capas de grasa que ha acumulado en torno a su corazón.

Las doncellas rieron. Aunque Huda tenía exceso de peso, era la mujer más robusta de nuestra extensa familia, aparte de ser famosa por su teatralidad. Desde que era muy joven, Huda fingía ataques cardíacos. Lo más probable, les dije, era que disfrutara de muchos platos deliciosos antes de que Dios le diese el último aviso.

Sonriendo aún, fui a la cocina para decirle a Jada, nuestra cocinera y ama de llaves en Londres, que preparase la cena.

Para mi sorpresa, Jada ya tenía organizado un festín: ensalada de berenjena, puré de lentejas, *pilaf, kufta* y *shish kebab*. La muchacha había incluso horneado pan árabe para complacernos.

—Me alegro de que esté aquí, señora —dijo mientras llenaba las bandejas—. A veces me siento sola.

Empecé a preguntarme por la vida que llevaba Jada. Hube de reconocer que la conocía muy poco. Durante un viaje por Inglaterra el año anterior, Kareem había descubierto que nuestra sirvienta y uno de los chóferes tenían una aventura ilícita. Puesto que ambos estaban casados, Kareem anuló sus contratos y los mandó con sus respectivos cónyuges. Fue entonces cuando empleó a Jada.

Recordé cuando Kareem me dijo que Jada había llorado al implorarle que la dejara ser criada y cocinera a la vez. Le había dicho que provenía de una pobre familia egipcia y que debía trabajar para ayudar a su hermano mayor, que estaba estudiando en Inglaterra. Aunque Jada había llegado sin recomendaciones, Kareem había visto que la chica iba de buena fe y la contrató sin pensarlo dos veces.

Recordé haber oído que sus padres habían emigrado de Egipto años atrás. Después de que el padre no lograra encontrar un empleo adecuado en Londres, la posibilidad de una oferta había llevado a la familia a la ciudad de Manchester. Ahora ella vivía en Londres. Jada, que no estaba casada, raramente veía a su familia. Puesto que Kareem y yo sólo utilizábamos la casa de Londres un par de veces al año, sabía que Jada debía pasar muchos meses sola y aburrida, con pocas distracciones.

Al mirar su cara juvenil, adiviné que no era mucho mayor que mi hija Amani. Sin embargo, Jada se conducía como una mujer madura, en tanto que Amani mostraba a menudo una conducta muy infantil. La riqueza y los privilegios, pensé, suelen propiciar atributos poco agradables. Y debo admitir que en eso me incluía a mí misma.

Sondeándola un poco, supe que Jada había sido una alumna excelente en el colegio y que desde siempre había querido estudiar medicina. Su mayor ambición era volver a su país y atender a las embarazadas de los pueblos pequeños en un esfuerzo por disminuir la elevada mortalidad infantil de Egipto, así como combatir la práctica de la circuncisión femenina.

Recientemente se había producido un gran revuelo en todo el mundo respecto a la costumbre de la ablación en Egipto, y Jada era sincera en su deseo de ayudar a educar a las mujeres de su país para que pudieran desterrar tan bárbara costumbre.

—Es una causa admirable —le dije, mientras volvía al presente—. La nieta de Fatma, nuestra ama de llaves en Egipto, fue obligada a someterse a esa práctica brutal. Por increíble que parezca, fue la propia madre de la niña quien insistió en ese ritual.

»Acompañé a Fatma para tratar de convencerla de que no sometiera a su hija a tan peligrosa mutilación. Pero ella creía firmemente que nuestra religión exige a nuestras mujeres ser circuncidadas, y que su hija no podía contravenir su religión. —Suspiré, triste aún por el recuerdo—. Sólo educando a las mujeres se podrá poner fin a esta costumbre nefasta.

—La mujer ha de aprender a poner en duda la autoridad —dijo Jada—. De lo contrario, seguirá creyendo todo lo que le digan sus padres y sus maridos.

—Tienes toda la razón —concedí.

En vista de sus aspiraciones, me sorprendió saber que Jada no sentía el menor rencor por el hecho de que todo su sueldo fuera a parar a su hermano. Jada sólo se quedaba unas cuantas libras al mes para sus gastos.

—Cuando mi hermano obtenga su título —dijo ella con una sonrisa—, seré yo quien le pida que pague mis estudios. —La pobre chica estaba segura de que sus sueños se harían realidad, y que su hermano se portaría tan desinteresadamente como ella con él.

La miré fascinada. Yo sabía que de haber pasado por esa misma situación con mi hermano Alí, habría hecho una hoguera con mi dinero antes de dárselo a él. Sospeché que los sueños de Jada nunca llegarían a cumplirse pues, una vez terminados sus estudios, su hermano se casaría. Y luego, las necesidades de una esposa y unos hijos primarían sin duda sobre los de una hermana.

Me vinieron a la cabeza Afaaf y Hussah. Una vez más me asombró de qué manera los deseos de las mujeres árabes quedan siempre por detrás de los de los hombres. Todas las culturas musulmanas están imbuidas de una terrible verdad... que muy pocos musulmanes son capaces de reconocer. En toda sociedad árabe o musulmana, las vidas de las mujeres son como cera blanda que los hombres tienen poder de retorcer y estirar según sus particulares creencias o aspiraciones.

Como Assad y Kareem no volvieron de la embajada saudí hasta la noche, las mujeres disfrutamos a solas del banquete organizado por Jada.

Huda, que aún estaba molesta por mis comentarios de antes, comió sola en su cuarto.

Todas estábamos fatigadas por los rigores del viaje, de modo que nos retiramos tan pronto hubimos terminado de cenar.

A la mañana siguiente regresamos al aeropuerto para proseguir viaje hacia Arabia Saudí. Habíamos estado fuera sólo ocho días pero, por algún motivo, me parecía que hacía siglos.

Nuestro avión aterrizó en Jidda, pues Maysa y Huda vivían en esa ciudad. El resto del grupo pensaba viajar a Riad al cabo de unos días. Después de oír la trágica historia de Heidi, estaba ansiosa por abrazar a Maha y Amani.

Antes de retirarnos aquella noche en nuestro palacio de Jidda, Kareem y yo nos relajamos tomando unos combinados. Nuestra conversación versó sobre la crisis entre Arabia Saudí e Inglaterra. Aunque hice intentos de cambiar de tema más de una vez, Kareem estaba furioso por las críticas a nuestras leyes que estábamos recibiendo, leyes que habían conseguido mantener el índice de criminalidad muy por debajo del de muchos países.

La charla sobre decapitaciones me inquietó más de lo habitual, sobre todo porque Kareem comparó con lujo de detalles las barbaridades de los americanos al aplicar la pena máxima —silla eléctrica e inyección letal— con el más rápido y humano método de la decapitación.

Momentos después de acostarnos, Kareem se quedó profundamente dormido. Yo, en cambio, estuve revolviéndome en la cama durante toda la noche.

Por alguna razón, mi mente fue a posarse en el trágico sino de un joven llamado Abdullah al-Hadhaif, cuya historia era bien conocida de todos los saudíes.

En agosto de 1995 Abdullah al-Hadhaif tenía sólo treinta y tres años y era padre de seis hijos cuando fue ejecutado por orden de nuestro gobierno. Junto a otros muchos saudíes, Abdullah, sus dos hermanos y su anciano padre, habían sido arrestados por delitos políticos, concretamente ofensas al gobierno como hablar en voz alta en las mezquitas o distribuir panfletos y casetes prohibidos por el gobierno. Se dijo que el padre de Abdullah había sido torturado en prisión, y que la magnitud de los abusos le había provocado un ataque cardíaco. Naturalmente, la noticia había enfurecido a los hijos de Al-Hadhaif padre, y a ninguno tanto como al muy sensible Abdullah. Al salir de la cárcel, éste buscó al policía que había torturado a su padre. Una vez conocida la identidad de aquel hombre, Abdullah se desquitó arrojándole un recipiente de ácido. El hombre resultó herido pero no murió, y pudo identificar a su atacante. Por segunda vez, Abdullah fue enviado a prisión. Toda la inquina de las autoridades saudíes contra los manifestantes se cebó en este joven. Amigos y familiares de Abdullah pudieron constatar que había sido brutalmente torturado. Las informaciones aseguraban que en venganza había sido bañado en un líquido corrosivo. Le hincharon los intestinos a través del ano y le amenazaron con que su madre y su esposa serían violadas en su presencia. No obstante, Abdullah al-Hadhaif se negó a firmar la confesión. La furia de sus torturadores aumentó con su testarudez. Se supo que Abdullah había sido colgado como un cabrito en el matadero con la cabeza entre las piernas. Le habían pegado con tanta saña que quedó paralizado de cintura para abajo.

Hube de admitir que los hombres de mi familia pueden ser increíblemente despiadados. El suplicio de Abdullah sólo terminó cuando le cortaron la cabeza. Me pregunté cuáles habrían sido sus últimos pensamientos. ¿Habría sentido miedo, tristeza, al pensar que no viviría para criar a sus seis hijos? ¿O bien habríase sentido aliviado de que la muerte pusiera fin a su agonía? Sólo Dios conocía la respuesta a esa pregunta. Mi mente empezó a poblarse de imágenes angustiosas.

No me cabía duda de que la pequeña Heidi pasaba muchas horas llorando por su madre. La pobre Afaaf estaba sola en el mundo. Y Hussah pertenecía legalmente a un hombre cruel, lo mismo que Munira.

Incapaz de dormir, me levanté de la cama para prepararme un cubalibre. Lo único que podía hacerme olvidar era la bebida.

Así pues, inicié una larga noche de alcohol.

Me emborraché hasta tal punto que, durante un viaje al armario para esconder una botella, tropecé con mi bata y volqué un jarrón. Me lancé para evitar que cayera, pero el alcohol había entumecido mis músculos y el jarrón se estrelló contra el suelo. En el silencio de la noche, el ruido fue ensordecedor.

Cuando Kareem despertó alarmado, no fui capaz de coordinar mi cerebro con mi lengua para defenderme con palabras. Él se percató al instante de que su esposa estaba tan ebria que no podía ni hablar con claridad.

—¡Sultana! —exclamó horrorizado.

—¡Oh, Alá! —musité—. ¡Mis pecados han sido descubiertos!

No recuerdo qué más pasó, pues perdí el conocimiento. De esa manera las imágenes que yo había tratado de ahogar en alcohol se borraron al fin.

SECRETO DESVELADO

Durante horas permanecí en ese misterioso reino de oscuridad en que la mente baja el telón; no hay información, nueva o antigua, que sea procesada. No me atribulaban penas ni me acariciaban sueños agradables. Mi breve ausencia de la realidad no podía durar, pero al menos disfruté de ese limbo sin sueños y sin pensamientos hasta que los ruidos domésticos me despertaron a la mañana siguiente. Cuando por fin abrí los ojos al fulgor del sol, lo primero que vi fue la cara de Kareem.

Recordé de repente que él se había encontrado a su mujer en un estado de embriaguez. Esperando redimir la catástrofe de la víspera con un milagro, cerré los ojos y recé a Dios para que lo sucedido no hubiera tenido lugar, que todo fuera un mal sueño.

Pero al mirar a Kareem supe que Dios no había respondido a mi plegaria. Los ojos tristes de mi esposo descartaron toda esperanza de que mi afición a la bebida siguiera siendo un secreto para él. No hacían falta palabras, bastó su expresión para hacerme saber que él conocía mi serio problema con el alcohol.

Su voz clara sonó engañosamente serena:

—¿Cómo te encuentras, Sultana?

Yo sabía muy bien que mi futuro acababa de cambiar, pues mi destino no podía ser otro que el de una esposa desdeñada y divorciada. Tan horrorizada estaba que no pude ni hablar.

—¿Sultana?

—No me encuentro muy bien —grazné.

Él asintió con la cabeza.

Nos miramos sin decir palabra. Ninguno de los dos tenía valor para continuar la conversación.

El silencio propició que yo recuperase mi presencia de ánimo. Rápidamente, recordé que yo no sabía con seguridad hasta qué punto estaba Kareem al corriente de mi alcoholismo, que quizá debía hacer caso de aquel sabio proverbio árabe: «Tu lengua es tu caballo, y si la dejas suelta, te traicionará.» Me aferré a la esperanza de que Kareem juzgara mi estado de embriaguez poco más que una incidencia poco frecuente. Después de todo, durante nuestro matrimonio habíamos disfrutado juntos de la bebida en muchas ocasiones, y él jamás había expresado el menor descontento.

—Tenemos que hablar, Sultana.

Permanecí callada.

Kareem miró al suelo, se frotó los ojos y aspiró.

—No he dormido en toda la noche. —Me miró otra vez con un suspiro—. He estado preguntándome cómo has conseguido ocultar este problema, y desde cuándo.

Con mi misma voz graznante, repuse:

—¿Problema?

Kareem hizo caso omiso y continuó mirándome mientras empezaba a pronunciar palabras que yo no deseaba oír.

—Por favor, no intentes demostrar tu inocencia cuando está claro que eres culpable. Ya he hablado de esto con Sara. Sé que cuando estoy fuera sueles beber en exceso.

Era inútil negarlo. Por la mirada angustiada de mi esposo, supe que estaba al corriente de la verdad. El dolor de saberlo hizo que mi pecho se comprimiera. Rompí a llorar.

—Nada volverá a ser como antes —clamé, retorciéndome las manos. Me imaginaba que iba a ser la comidilla de toda la familia Al-Saud. ¡Mi reputación estaba arruinada para siempre jamás!

—¿Lloras como una niña por lo que no puedes defender como mujer?

Sus palabras me dolieron como una puñalada, pero eso no me

impidió seguir llorando. ¡No podía haber sido peor! Habían descubierto mi necesidad de alcohol; Kareem se divorciaría de mí; mis hijos serían humillados por el escándalo; mi odiado hermano Alí se alegraría de que mi vida hubiera tomado un giro nefasto; y mi esquivo padre se sentiría justificado en su aversión por la hija pequeña de su primera esposa, Fadeela, más de lo que ya estaba.

Mis desconsolados sollozos ablandaron el corazón de Kareem. Se levantó y vino hacia mí. Se sentó en el borde de la cama y empezó a apartarme los cabellos de la cara.

—Cariño, no estoy enfadado contigo —dijo—. Estoy enfadado conmigo mismo.

Le miré, confundida.

—¿Por qué? —balbuceé.

—Por no haber visto lo que pasaba delante de mí. —Secó las lágrimas de mi cara—. Si no hubiera estado tan ocupado con mis negocios, me habría dado cuenta de tu problema hace tiempo. Perdóname, Sultana.

Me invadió un gran alivio. Kareem estaba dispuesto a cargar con mi problema. Se culpaba a sí mismo.

¡Una vez más, estaba salvada!

Impaciente ante la idea de un nuevo e inmerecido indulto, tuve ganas de darle la razón a Kareem y decir que, en efecto, él había estado demasiado tiempo fuera de casa. Me había cuidado poco, a mí, que era su esposa. Cuando me disponía a expresar mi sensación de triunfo, de repente noté la proximidad del espíritu de mi madre. Miré en derredor, muerta de miedo. Aunque no podía verla, sabía por instinto que ella estaba allí presenciando el encuentro entre mi esposo y yo.

—Sultana, ¿estás bien? —Con una mirada de preocupación, Kareem me acarició la cara.

Asentí con la cabeza, sin poder pronunciar palabra. La esencia de mi madre estaba cobrando fuerza. No puedo expresar el terror que sentí cuando tomé conciencia de estar siendo sometida a una especie de proceso, y que se esperaba de mí mucho más que mis inmaduras reacciones. Una voz tenue me dijo que si quería volver a sentir paz y alegría genuinas, era preciso que cambiara de conducta.

Pasó un buen rato antes de que fuera capaz de hablar. Luego, mirando a mi marido, dije:

—Kareem, ya no quiero más victorias vergonzosas. Este dilema es fruto de mi debilidad, no de la tuya. Tú no tienes ninguna culpa. Borra la preocupación de tu rostro, esposo mío. Sólo yo soy responsable de mi vicio. —¡Por fin había conseguido decirlo! Por una vez en mi vida, no había tratado de eludir mis imperfecciones.

Kareem estaba perplejo, igual que yo, ante mi nueva madurez. Sonreí a mi marido.

—Te prometo que en adelante haré cuanto esté en mi mano por vencer este problema.

Kareem me tomó en sus brazos.

—Cariño, lo venceremos juntos, tú y yo.

Estar en sus brazos fue un gran consuelo. Llena de esperanza y optimismo, mi estado de ánimo recuperó rápidamente la alegría.

Más tarde, Kareem fue a reunirse con Assad, que se hospedaba con Sara en nuestro palacio de Jidda.

Sentí un gran deseo de hablar con mi hermana; corrí al cuarto de los invitados y hablé con ella por el interfono del palacio. Quedamos en vernos en el jardín de las mujeres.

Tras abrazar a Sara, le confié todo lo ocurrido entre Kareem y yo.

Mi hermana se alegró mucho por mí y elogió mi valentía.

—Debiste compartir tus problemas con tu marido —dijo— al primer indicio. Yo sabía que Kareem no iba a reaccionar como tú temías. —Hizo una pausa—. Deberías haberle visto anoche, Sultana. Estaba loco de inquietud pensando que tu mayor temor era que él pudiese abandonarte cuando tú más le necesitabas.

Intenté que mi hermana me contase todo lo que Kareem había dicho de mí, pero Sara se negó. Mi marido había hablado con ella confidencialmente.

—Somos dos mujeres afortunadas, Sultana —me recordó—. Ambas tenemos maridos maravillosos. —Hizo una pausa antes de admitir—: En este país, hombres así son tan raros como los diamantes perfectos.

Pensé en sus palabras. Y era verdad. Ciertamente, Assad era

un marido ideal. Adoraba a mi hermana. Desde la primera vez que sus ojos se habían posado en Sara, ninguna otra mujer había ocupado el pensamiento de este antiguo playboy. Sara era una mujer con mucha suerte. Y si bien Kareem me había decepcionado en más de una ocasión, esos dolorosos incidentes habían tenido lugar hacía mucho tiempo. Con el paso de los años, Kareem se había convertido en un marido y un padre afectuoso y compasivo. Yo también era una mujer afortunada.

Después de abrazar por segunda vez a mi hermana, regresé a mi suite. Kareem entró en la alcoba a los pocos minutos y, con una amplia sonrisa, me dijo que tenía una idea que pensaba me iba a gustar.

Me precipité hacia él y lo atraje hacia mí. Él trastabilló con la fuerza de mi abrazo, y juntos fuimos a caer sobre la cama.

Kareem hizo intentos de hablar mientras yo continuaba besándole los labios, los ojos, la nariz.

—Sultana, yo...

Sabiendo que se me presentaba una segunda oportunidad de redención, me sentía como el ladrón que sabe que va a perder la mano y luego descubre que el verdugo ha muerto y le acaban de indultar.

Sentía tal alborozo que besé y besé a Kareem hasta que se olvidó de aquello que había venido a decirme. Al poco rato estábamos haciendo el amor con ardorosa pasión.

Después, mientras Kareem encendía un cigarrillo y nos lo íbamos pasando, me preguntó:

—¿A qué venía todo eso?

Respondí en broma:

—¿Es que no puedo demostrar a mi marido lo mucho que le amo?

—Por supuesto —sonrió él—. Siempre que estés rebosante de amor, avísame.

Me reí:

—¿A quién iba a avisar si no?

Kareem sostuvo el cigarrillo en el aire mientras me miraba satisfecho.

—Te amo, querida.

Puso el cigarrillo entre mis labios y esperó a que yo inhalara antes de devolverlo a los suyos.

—¿Cuál era esa idea de que hablabas?

—Ah, sí. Hoy he estado pensando que hace mucho tiempo que no viajamos al desierto, la familia entera. —Me miró a los ojos escrutando mi reacción—. Creo que tú, más que nadie, te beneficiarías de un viaje a nuestro pasado, al desierto.

Tenía razón. Mientras que Kareem y Abdullah solían reunirse con sus primos para ir de cacería al desierto, mis hijas y yo raramente los acompañábamos en esas excursiones. Habían pasado años desde la última vez que la familia se retirara al desierto. Antiguamente, esa vuelta a un modo de vida más sencillo, sin la omnipresencia de los relojes y los calendarios, había aportado una gran relajación a mi mente.

—Sí —dije—. Me gustaría ir al desierto.

Aunque los saudíes vivimos ahora en palacios y ciudades modernas, no hemos olvidado que nuestros antepasados fueron nómadas que vivían en tiendas de campaña.

Hoy, en realidad, quedan pocos nómadas en los vastos desiertos árabes. Durante los últimos veinte años, si no más, el gobierno saudí ha animado a las tribus beduinas a abandonar sus tiendas y mudarse a las ciudades. Pese a lo cual todo árabe saudí lleva en la sangre el recuerdo tribal de los primeros nómadas.

Y aunque la familia Al-Saud abandonó el desierto mucho antes que muchos de nuestros conciudadanos, no somos distintos de otros saudíes en nuestro amor incondicional a la patria de nuestros antepasados.

En el año 1448, parte del primer clan Al-Saud se retiró del duro desierto y empezó a cultivar la tierra en torno al poblado conocido hoy como Diriya.

Los hombres de nuestra familia fueron agricultores y mercaderes; con el tiempo se convertirían en lo que se llama árabes de ciudad. En consecuencia, los Al-Saud no nos consideramos nómadas, pero sí nos sentimos inexplicablemente atraídos por el imán de lo que, para nosotros, es un irresistible océano de arena en movimiento.

Kareem interrumpió mis agradables cavilaciones.

—Este viaje será un acontecimiento familiar —dijo—. Invitaremos a todo el mundo.

Conociendo el significado exacto de sus palabras, me apresuré a protestar:

—¡A Alí no, espero!

Kareem me rozó la cara con su mano.

—Cariño, ¿no crees que ha llegado la hora de que tú y tu hermano olvidéis el pasado? ¿Qué provecho tiene para ninguno de los dos esta continua hostilidad?

—¿Cómo quieres que haga las paces con alguien así? Hermano o no, ¡es despreciable! —insistí.

—Si invitamos a uno, hemos de invitarlos a todos.

Sabía que él tenía razón. Habría sido un insulto, un total descuido de la hospitalidad árabe el invitar a todos los hermanos a un viaje al desierto y omitir deliberadamente a Alí y su familia. De haberse producido una ofensa semejante, el escándalo habría sido la comidilla de todo Riad.

Aprisionada por mi herencia familiar, suspiré hondo y dije:

—Invítalos si lo crees necesario, pero de verdad que me disgusta que los árabes no podamos expresar abiertamente nuestros sentimientos —murmuré.

—Has nacido árabe y princesa, Sultana —rió Kareem—. ¿Por qué te opones a tu destino?

No había nada que decir.

Pese al odio que me inspiraba mi hermano, me sentía mucho más serena que nunca en los últimos tiempos. Agarré a Kareem de la cintura y lo atraje hacia mí.

—Vamos a echar una siesta —propuse.

Aunque Kareem casi nunca duerme durante el día, también él estaba cansado de nuestro viaje transoceánico.

—Creo que no vendría mal descansar un poco —concedió.

Mientras me vencía el sueño, escuché a mi esposo citando en voz baja un viejo credo beduino que le había enseñado su padre. Sentí una oleada de nostalgia, mezclada con tristeza por una vida que ya no volvería más.

Tierras amplias por donde vagar
Cubiertas de buena hierba para pastos
Amplios pozos de la más pura agua
Una tienda capaz para una familia grande
Una bella esposa de temperamento dulce
Muchos hijos varones y alguna hembra
Poseer rebaños de camellos
Pertenecer a una tribu honorable
Ver La Meca
Vivir muchos años sin nada de que avergonzarse
Eludir las llamas del infierno
¡Disfrutar las recompensas del Paraíso!

Arrullada por gratas imágenes de la vida sencilla de mis antepasados, me fui adormilando. Aunque mi marido había descubierto mi vergonzoso secreto, dormí con la tranquilidad de una mujer que ahora podía encarar su futuro con renovadas esperanzas.

De haber sabido que el día siguiente me depararía un nuevo drama familiar, originando uno de los momentos más críticos de mi vida, mi siesta habría sido mucho más turbulenta.

EL TRONO EN PELIGRO

Mientras Kareem disfrutaba de su ducha matinal, yo me demoré en la cama sin parar de moverme de un lado a otro. Echaba de menos a nuestras hijas y me moría de ganas de regresar a Riad.

Cuando oí que el agua de la ducha dejaba de correr, me levanté y fui hacia el balcón de nuestro dormitorio. Retiré la cortina y eché una ojeada. La vista era como yo esperaba: un típico día en Arabia Saudí, luminoso y soleado.

Un momento después, Kareem había salido de la ducha y estaba a mi lado. Entonces hizo un intento de acariciarme los pechos. Unos años atrás había tenido que someterme en Suiza a una operación consistente en sustituir el pecho que había perdido debido a un cáncer durante los primeros años de mi matrimonio. Parte de la rehabilitación médica consistía en masajear diariamente el pecho reconstruido a fin de mantener su suavidad y flexibilidad. Desde entonces, Kareem había insistido en ocuparse personalmente de esa terapia.

Su rostro se iluminó con una sonrisa provocativa.

—¿Quieres que volvamos a la cama?

Le devolví la sonrisa pero dije:

—No, cariño. Lo que más deseo en este momento es ver a nuestras dos hijas.

Kareem dejó de sonreír, pero se hizo cargo.

—Por supuesto. Yo también las echo de menos. —Hizo una pausa—. Telefonea a Nura y dile que llegaremos a Riad a media tarde. Haz que los chóferes dejen a las niñas en casa al salir de la escuela.

Al poco rato nos disponíamos a abordar nuestro avión para el breve trayecto de Jidda a Riad.

Una vez allí, Sara y yo nos despedimos y cada cual subió a su automóvil. Sara estaba tan ansiosa como yo por ver a sus hijos.

Maha y Amani nos estaban esperando. Tras los abrazos y saludos, di a mis hijas los regalos que les había comprado en Nueva York: ropa, aparatos electrónicos, discos compactos, cintas de vídeo y libros.

Kareem dijo que tenía trabajo que hacer. Me decepcionó que Maha y Amani expresaran su deseo de volver a sus respectivas habitaciones para telefonear a sus amigas. No conseguí convencerlas de que se quedaran un rato más. Desde que habían llegado a la adolescencia, mis hijas preferían la compañía de sus iguales a la de su madre, y a menudo yo sentía ganas de poder regresar en el tiempo a fin de disfrutar una vez más esa época en que las dos eran niñas.

Les tendí los brazos sonriente e insistí:

—Sentémonos un rato juntas. Luego podréis ir a telefonear.

Pedí a una de las sirvientas que trajera un poco de *laban* frío, una especie de batido de leche que a ellas les gustaba mucho. Maha sonrió y se arrimó a mí en el amplio sofá frente al televisor. Amani se acomodó en un sillón. Maha bostezó antes de coger el mando a distancia y encender el aparato.

Varios años atrás, Kareem había comprado una gran antena parabólica que captaba cadenas de todo el mundo. En Arabia Saudí es ilegal tener antena parabólica. Nuestro gobierno insiste en censurar la información, sea ésta difundida por televisión, radio o incluso prensa. Sin embargo, la gente rica pasa por alto ese decreto, en parte debido a que la oferta de la televisión saudí es muy aburrida. Por lo demás, a nosotros no nos interesaban los asépticos programas informativos sobre las proezas de los miembros de nuestra familia real, que era lo único que podía verse en los canales nacionales.

Las autoridades religiosas de Arabia Saudí también están en contra de las parabólicas, pero por otro motivo. Temen que los buenos musulmanes puedan recibir malas influencias de los decadentes programas occidentales. No es poco corriente ver a un comité de *mutawwas* patrullando las calles de las ciudades del país en busca de antenas parabólicas. Aunque las casas de Riad están rodeadas de muros, sus tejados planos suelen ser visibles desde la calle. Los *mutawwas* van de calle en calle examinando los tejados. Si descubren una parabólica, tratan de destruirla por todos los medios. Arrojan piedras y palos a las antenas y, si eso falla, ¡entonces los arrojan a los dueños de las mismas!

Hace sólo un año, un grupo de *mutawwas* fervorosos se alborotó tanto por la presencia de una antena parabólica que llegó a disparar contra el artefacto. Una mujer india estaba en el tejado colgando su colada. Cuando los *mutawwas* empezaron a disparar, la mujer recibió un tiro en el abdomen. Por suerte, sobrevivió a la herida. Desde aquel incidente, los propietarios de antenas parabólicas has inventado mil y una formas de esconder su equipo. Hoy en día, muchos tejados saudíes están protegidos por sábanas colgadas de varas metálicas con el fin de impedir la visión desde la calle. Pero este camuflaje no ha hecho sino animar a los *mutawwas* a disparar contra las sábanas, que se han convertido en blancos por derecho propio.

Por supuesto, como Al-Saud que somos, nosotros no hemos de preocuparnos de las desagradables actividades de los *mutawwas*.

Cuando Maha decidió ver un programa inglés sobre una mujer que ridiculizaba a un hombre, vi que Amani fruncía los labios con aversión. En el mundo árabe ninguna mujer se burla de su marido a la vista de otra, como tampoco queda en evidencia que pueda ser más inteligente que un hombre.

Sin más, Amani saltó del sillón y agarró el mando a distancia.

—¡Madre! —protestó Maha.

No iba a ser la tarde tranquila que yo había deseado pasar con mis hijas. Indiqué por señas a Amani que me pasara el mando. En un esfuerzo por apaciguar a mis hijas, empecé a cambiar de canal en busca de un programa que pudiera entretenernos a las tres.

Inesperadamente, di con un canal británico que estaba pasando un documental sobre el profesor Mohammed al-Massari, ciudadano saudí que había sacado de quicio a toda la familia Al-Saud. De inmediato, me concentré de tal forma en la emisión que olvidé por completo a mis hijas.

El profesor era un académico saudí cuyas ideas subversivas para la democratización del país le habían separado de Arabia Saudí. Tras ser arrestado y encarcelado, obtuvo la libertad pero se vio sometido al acoso constante de las autoridades saudíes. Había huido del país el año anterior y encontrado asilo en Inglaterra. Desde entonces, había estado organizando un grupo de exiliados saudíes con base en Londres que respondía al nombre de Comité para la Defensa de los Derechos Legítimos. Para apaciguar su furia por las injusticias sufridas, esta organización disidente había llamado la atención de los medios informativos de Occidente dando cuenta de la supuesta corrupción de nuestra familia real. Como es natural, dichas revelaciones provocaron muchas noches de insomnio en los palacios Al-Saud. El profesor había puesto al descubierto tal número de secretos familiares que mis parientes empezaron a pensar de dónde podía haber obtenido esa información. ¿Acaso algunos empleados nuestros eran espías de nuestros peores enemigos?

Mohammed al-Massari acusaba a ciertos miembros destacados de la familia gobernante de malversar millones de riyales (de los reembolsos por contratos extranjeros) y de confiscar tierras de mucho valor propiedad de ciudadanos corrientes. Aseguraba que estas personas engañadas tenían demasiado miedo para protestar, pues temían ir a parar a la cárcel por prevaricación. Supuestamente, este comportamiento delictivo habría creado más de cincuenta multimillonarios en mi extensa familia.

Lo que decía Al-Massari me parecía difícil de creer, aunque yo no podía negar que la corrupción abundaba en algunas ramas de la familia. Por ejemplo, una destacada princesa a la que conozco muy bien suele jactarse de las escandalosas rentas que consigue alquilando edificios a los militares saudíes.

Lo que me indigna es que no hay ninguna necesidad para semejante conducta. La asignación mensual que recibe cada miembro de la familia real excede con mucho nuestras necesidades.

Cada príncipe y cada princesa recibe 35.000 riyales al mes, con lo que una rama numerosa de familia llega a reunir alrededor de cien mil dólares mensuales.

Había otras imputaciones. El profesor en cuestión y sus amigos acusaban a ciertos periodistas extranjeros de revistas y periódicos prestigiosos de cobrar cuantiosos sobornos por vilipendiar a otros reporteros y denigrar los escritos de quienes dicen la verdad sobre nuestro gobierno y nuestro país.

Y aquí estaba Mohammed al-Massari, hablando como si tal cosa en un programa británico emitido vía satélite, mientras un periodista le escuchaba con interés y simpatía.

De un salto, me puse delante del televisor.

Maha intentó abrir la boca pero la hice callar. Yo quería fijar en mi memoria la cara de aquel traidor. La apariencia física de este enemigo de mi familia tenía que encajar con el retrato que yo había formado en mi mente. En cambio, era un hombre de aspecto digno y mirada inteligente. A juzgar por su aspecto afable, ningún observador habría imaginado que pudiera tener nada especialmente importante en la cabeza, desde luego no ideas tan descabelladas como derrocar al rey. Era un hombre inquietante.

Kareem había hablado más de una vez sobre este profesor. Se le consideraba una peligrosa amenaza para el régimen de los Al-Saud y para la monarquía que autorizaba a mi familia a reclamar como suyo el país y sus ganancias. Yo sabía que mi marido, mi padre, mi hermano, mis primos y tíos harían cualquier cosa para proteger su derecho a controlar el petróleo de Arabia, ese oro negro cuyos arroyuelos iban a parar directamente a las arcas del clan familiar.

El entrevistador parecía aprobar el hecho de que Inglaterra se estuviera convirtiendo en un refugio de disidentes árabes como el profesor Al-Massari. Pero yo pensé que los británicos quizá lamentarían algún día haber ofrecido refugio a los adversarios de los países productores de petróleo: los hombres de mi familia son muy vengativos.

No en vano se había producido ya una *vendetta* del gobierno saudí contra el pueblo de Inglaterra. En 1980 la princesa Misha'il, nieta del príncipe Mohammed, había sido ejecutada en Arabia

Saudí por cometer adulterio. La televisión británica había emitido una dramatización de su historia realizada por una cadena independiente.

Cuando el rey Jaled supo el contenido de la cinta, montó en cólera por la descripción que allí se hacía de la realeza saudí. Su reacción fue romper temporalmente las relaciones diplomáticas con Gran Bretaña, haciendo volver a nuestro embajador en Londres al mismo tiempo que mandaba a su país al embajador británico. Y se cancelaron contratos con empresas británicas por valor de millones de libras.

Al terminar el programa, volví a mi sillón y bebí unos sorbos de mi *laban* frío. Mohammed al-Massai no era en absoluto como yo lo imaginaba, pensé. Más bien tenía aspecto de ser lo que era, un profesor universitario que accidentalmente se había convertido en un líder revolucionario.

Maha agarró el mando a distancia y puso un canal de vídeos musicales. Amani estaba más seria que una roca de granito.

Entrelacé las manos y murmuré:

—¿Por qué nos odia tanto ese hombre? ¿Por qué arriesga su libertad y el bienestar de su familia sólo por una idea?

—No lo sé, madre —repuso Maha.

Amani volvió a la vida con una sonrisa presuntuosa.

—Yo sí lo sé —afirmó.

Me quedé de piedra y miré tontamente a Maha, que también parecía perpleja. Las palabras de Amani dispararon en mi mente un aluvión de conjeturas.

—¿Qué sabes tú de ese hombre, Amani?

—¿De veras quieres que te lo cuente?

Fue como si me clavaran un puñal: imaginé a mi hija vinculada a una organización política prohibida. La miré sin pestañear y luego le dije:

—¡Soy tu madre y exijo saberlo!

—De acuerdo —dijo ella, ufana de poseer una información tan especial.

¡Mi hija forma parte de una conspiración!, me dije. ¿Qué vamos a hacer Kareem y yo? Amani carraspeó antes de empezar:

—Preguntabas cómo es que el profesor se arriesga tanto. Bien, la razón es muy sencilla, madre. Él se crió en una familia que siempre ha puesto en duda el derecho de nuestra casta al trono.

Muerta de inquietud, me sequé la frente con un pañuelo de papel. No fui capaz de contenerme:

—Espera, Amani —dije con la voz ronca—. ¿Tú perteneces a esa organización subversiva?

Silencio absoluto.

—¡Amani! —grité.

Mi hija se irguió en su asiento y remetió las piernas debajo de ella. Luego me miró osadamente a los ojos, deleitándose en la tortura que estaba infligiendo a su consternada madre.

Una enorme tristeza me atenazó el corazón. No podía negar que Amani es una chica encantadora. Es pequeña como una muñeca y tiene una figura perfecta. Su cutis es como la miel, su nariz recta y fina, sus labios gruesos y rosados, su dentadura blanquísima, y tiene unos ojos color chocolate bien separados bajo sus cejas curvadas. Sin embargo, aunque mi hija está más guapa cada día, su personalidad es cada vez menos atractiva.

A medida que pasan los años, he acabado convenciéndome de que para ser feliz es más importante la belleza interior que la exterior. Por lo tanto, si hubiera podido habría vuelto a Amani del revés. Cuando ya me disponía a agarrarla y darle una buena sacudida, mi hija me miró con una irónica sonrisa e hizo un gesto desdeñoso con la mano.

—No, madre. Puedes estar tranquila. —Achicó los ojos al hablar—. Las mujeres no desempeñamos ningún papel en el movimiento del profesor. A mí no me quieren.

—*Alhamdulilah!* [Alabado sea Dios.] —Por primera vez en mi vida, me alegraba de que las mujeres fueran excluidas de alguna cosa.

Amani prosiguió:

—Tengo una amiga cuyo hermano distribuye documentos y cintas en nombre de esa organización. Es un gran partidario del profesor y conoce al dedillo su biografía. Lo que le dijo a mi amiga es lo que te cuento yo.

Recobré la compostura y, mirando a Maha, dije:

—Como mujeres, debemos recordar que nuestra familia puede hacer mucho más por las mujeres saudíes que cualquier otro individuo. No me cabe duda de que la lucha de ese hombre por los derechos democráticos se evaporará con el calor del desierto; en cualquier caso, en lo relativo a los derechos de la mujer, el profesor es un típico saudí. —Me dirigí a Amani—. Esa organización no cuenta con nosotras. Tú misma lo has dicho.

Con tono lento, provocativo, Amani preguntó:

—Has dicho que querías saber cosas de él, ¿no?

—Quiero saber todo lo que tú sepas de él, Amani.

—Bueno. —Se mordió el labio, pensando—. ¿Por dónde íbamos?

—La familia de ese rebelde siempre ha puesto en duda el derecho de nuestra familia al trono —terció Maha.

—Ah, sí. Viniendo de una familia que abogaba por la democracia, el profesor decidió contribuir a la reforma. Esperaba que el gobierno introdujera cambios, pero su espera fue en vano.

Aunque ese Al-Massari empezaba a inspirarme cierto respeto, incluso conviniendo en que hiciera falta algún cambio, yo nunca he deseado que mi familia perdiera su poder. Y, aun concediendo que Al-Massari fuera un hombre de pensamientos brillantes, sospeché que le resultaría difícil mantener unido a un pueblo creado hace décadas por un genial guerrero.

Arabia Saudí está compuesta de numerosas facciones, desde los beduinos analfabetos hasta los clanes del petróleo, pasando por los profesionales de clase media. A nuestra familia, que está en el poder desde la creación de Arabia Saudí, le cuesta lo suyo mantener feliz a un grupo tan diverso de ciudadanos como para embarcarse en reformas democráticas.

Mi hija prosiguió con voz monótona:

—El profesor no consiguió convencer a otros de sus ideas. Pero todo cambió cuando Irak invadió Kuwait. Los saudíes descubrimos anonadados que no podíamos defendernos solos, que necesitábamos tener ejércitos extranjeros en nuestro suelo. Y, con la presencia de esas fuerzas que venían a salvarnos, los saudíes corrientes se politizaron de un día para otro. Se oyó decir a muchos ciudadanos que la vergonzosa presencia de soldados extranjeros en su querida tierra representó el último clavo en el féretro de la familia Al-Saud. —Con las manos, Amani hizo un gesto ilustrativo—. Total, que el tío Fahd perdió a su pueblo cuando decidió abrazar al enemigo occidental.

—Pero eso no es verdad —protestó Maha—. ¡Todos los saudíes aman al rey!

Amani le sonrió con condescendencia, sin molestarse en contravenirla.

Recordando el temor real de que Saddam Hussein, vecino árabe y antiguo amigo, pudiera llegar a bombardear nuestras ciudades, cité un viejo proverbio árabe:

—No olvides nunca, Amani, que un enemigo prudente es más seguro que un amigo temerario.

Maha, cada vez más intrigada, le preguntó a su hermana:

—Bueno, ¿y qué más sabes, Amani?

Amani se encogió de hombros.

—El resto es de dominio público. En cuanto llegaron los ejércitos occidentales a nuestro suelo, los saudíes empezaron a despertar de un largo sueño. Hubo reuniones clandestinas de intelectuales, y poco a poco fue tomando cuerpo un grupo de oposición.

Arrugué la nariz. Lo que la pequeña Amani decía era verdad. Hasta el último saudí sabía que un comité de disidentes formado por cincuenta hombres, entre ellos universitarios, hombres de negocios, jueces y líderes religiosos, había escrito una carta al rey. En dicha carta se pedía el fin de la opresión y la participación en las tareas de gobierno. Más de cuatrocientos destacados saudíes añadieron su firma al documento. Al parecer, cuando la carta le fue presentada el rey Fahd primero se horrorizó y luego fue a consultar con el Consejo de los Eruditos. Por orden expresa del rey, el consejo había condenado al comité de disidentes, diciendo que debía ser abolido y sus miembros debidamente castigados. La policía secreta había detenido al profesor para recluirlo en el penal de Al-Hayir, situado a pocos kilómetros de Riad.

Amani siguió hablando:

—Sé de buena fuente que el profesor Al-Massari estuvo preso durante seis meses, y parte de ese tiempo en una celda de aislamiento.

Maha chasqueó la lengua solidarizándose.

La fulminé con la mirada.

—No olvides, hija mía, que este hombre reclama la caída de tu propia familia.

La cara de Maha enrojeció.

—Mis amigas me dijeron que el profesor había sido torturado durante su reclusión —prosiguió Amani—. Los guardias le escupían a la cara cuando era interrogado, le pegaban en los pies con una vara de bambú, le tiraban de la barba y le daban puñetazos en los oídos.

Me quedé mirando mis manos mientras escuchaba avergonzada, consciente de que ese trato es moneda común en las cárceles saudíes.

—Mi amiga me dijo también que el profesor fue acusado de herejía. Cuando le dijeron que confesara, él se negó, claro está. El Alto Tribunal no se ponía de acuerdo sobre la sentencia. Se enfrentaban a un hombre dotado de innegable coraje, y según la ley sólo podían hacer dos cosas: decapitarle o ponerle en libertad. Como el tribunal temía convertirlo en mártir, se le dio la oportunidad de apelar. Le dijeron que quedaría libre a fin de poder reflexionar sobre sus actos. Si se mantenía al margen de la política, conservaría su libertad.

Así funciona mi familia, pensé. Siempre confían en que los problemas se difuminen por sí solos. ¡Ojalá todos los dilemas de la vida fueran tan sencillos!

—Por descontado, el profesor no es de los que se callan, así que tan pronto estuvo en la calle volvió a las actividades del comité. Un informador secreto le advirtió que se estaba tramando acusarle de alta traición. El comité acordó que había llegado el momento de que el profesor abandonara el país para seguir la lucha desde el extranjero. Se elaboró un complicado plan de huida.

Noté un aleteo en mi corazón. Yo sabía que representantes de mi familia habían interrogado a millares de personas en su inexorable investigación para saber de qué modo había conseguido el profesor huir de Arabia Saudí sin dejar rastro. ¿Conocía mi propia hija información privada acerca de la escapada de Al-Massari?

—El profesor y un amigo lograron mediante un ardid ir a ver a un amigo enfermo que estaba en el hospital. Una vez dentro los recibió un tercer hombre que guardaba un asombroso parecido con el profesor, el cual le sustituyó. Al salir los dos hombres, los agentes del gobierno que seguían la pista del profesor fueron tras el hombre equivocado. Así, el verdadero profesor no tuvo problema para llegar al aeropuerto de Riad. Con un pasaporte falso, tomó un vuelo hasta una pequeña localidad cerca de la frontera yemení. Estuvo esperando dos días a sus contactos yemeníes, que conocían una ruta pensada para eludir los controles fronterizos. El pequeño grupo cruzó la frontera a pie. En Yemen le esperaban nuevos contactos para llevarlo hasta Londres. —Amani bajó la voz—. Desde luego, todo el mundo sabe que cuando el profesor escapó, su hijo y sus hermanos fueron hechos rehenes por nuestra familia, que los hizo encarcelar. —Amani se retrepó en el sillón y exhaló un largo suspiro—. Y aquí termina la historia. En Arabia Saudí todos los menores de treinta años conocen estos detalles, y ahora hay muchísimos jóvenes que apoyan clandestinamente a Al-Massari.

Meneé la cabeza pesadamente. Lo que decía Amani era cierto. Cada vez había más sentadas y manifestaciones en todo el país. Pronto toda Arabia Saudí compartiría las urgentes demandas del profesor.

No obstante, pese a que eran muy numerosas las quejas contra la monarquía, yo sabía que el profesor y nuestros enemigos podían ser neutralizados siempre y cuando la propia familia Al-Saud decidiera iniciar por sí misma las reformas. Para empezar, los Al-Saud podían poner freno a la corrupción tan extendida entre nuestros parientes. ¡Pero eso no lo harían nunca!

—Los Al-Saud estamos condenados —gemí, mientras hundía la cara entre las manos.

LA PROFECÍA DE KAREEM

En ese momento entró Kareem. Preocupado, preguntó a nuestras hijas:

—¿Qué le pasa a vuestra madre?

—Está preocupada porque Amani pertenece a un grupo de revolucionarios —dijo Maha.

Los ojos de Kareem mostraron alarma y las palabras quedaron en suspenso sin que nadie comprendiera realmente qué estaba sucediendo. Al caer en la cuenta de que Amani tenía más información de la debida sobre el hombre que exigía el derrocamiento de nuestra familia, Kareem se exasperó. Primero le gritó a Amani:

—¡Hija! ¿Es que has perdido el juicio? ¿Tú eres partidaria de ese hombre?

—¡Yo no soy partidaria! —protestó Amani—. Sólo he dicho lo que me han contado. —Amani me miró con frialdad—. Ella insistió. La culpa es suya.

—¡Olvida lo que ha dicho tu madre! ¡Tú no debes asociarte con nadie que esté de acuerdo con nuestro peor enemigo! ¡Están arrestando gente cada día! —Kareem aporreó la pared con los puños, haciendo vibrar las costosas pinturas—. ¡Eres una estúpida!

Alarmada, vi que Amani se mordía los carrillos. Me disponía a consolar a mi niña cuando Kareem dirigió contra mí toda su furia.

—¡Sultana, has educado a tus hijas para que sean unas rebeldes! ¡Pero no lo voy a permitir!

Me chocó tanto su acusación que no pude decir nada.

Maha salió de la habitación y otro tanto quiso hacer Amani, pero su padre le ordenó que se quedara.

—Espera un momento, padre, tengo algo que te interesará. —Amani giró sobre los talones y salió.

Kareem se quedó de una pieza. Yo empecé a ir de un lado a otro, intranquila. Amani volvió con un maletín que entregó a su padre.

La ira de Kareem crecía por momentos, pues le costó abrir el maletín. Cuando lo consiguió, examinó los papeles que contenía, dejando las hojas en el suelo. Nunca había visto a mi esposo en tal estado de agitación.

—¿De dónde has sacado todo esto? —chilló a Amani.

—Mi amiga lo cogió de la habitación de su hermano.

—¡Mira! —Kareem me entregó un fajo de papeles.

Cogí un paquete de cigarrillos y jugueteé con él mientras intentaba concentrarme en las páginas impresas. Después de encender un pitillo conseguí calmarme lo suficiente para comprender el significado de los papeles que tenía en mi mano.

Eran copias de recortes de prensa y documentos escritos por el doctor Al-Massari y otros disidentes del país. El que yo escogí se titulaba «El príncipe del mes», y era un resumen de las presuntas actividades de uno de mis primos mayores, gobernador provincial. Según el documento, «Se le ha oído decir en el Majlis [la casa en donde los ciudadanos presentan sus quejas al gobernador]: "Las tribus del sur tienen mentalidad de esclavos." Y "Mi abuelo Abdul-Aziz me dijo que la gente de esta provincia es una mezcla de mono y esclavo"». El autor del documento seguía acusando a mi primo de varios delitos, entre ellos apropiarse de extensos terrenos a su nombre, que luego vendía obteniendo pingües beneficios.

Mientras leía, vi que cada página contenía al menos una grave acusación contra algún tío o primo de nuestra familia. ¡A uno se le implicaba directamente en un asesinato! Un contable de la compañía Saudia Airlines había muerto a golpes tras haber presentado a dicho primo una factura por valor de millones de riyales. Nadie había sido acusado de ese crimen.

Toda la distancia que yo había esperado poner al problema se desvaneció cuando vi escrito el nombre de mi propio padre. Me llevé la mano a la boca para no gritar mientras recorría la letanía de iniquidades que le atribuían. Me sentí desfallecer, pues sospechaba que algunas de las denuncias podían ser ciertas. Abrumada por la tristeza, miré a mi esposo y a mi hija. Un centenar de preguntas me vino a la cabeza, pero bastó con ver la cara de Kareem para que mis palabras muriesen a flor de labios.

Amani, sin embargo, fue más valiente:

—Padre ¿es verdad todo esto? —dijo apretando el papel que acababa de leer—. ¿La familia Al-Saud ha arrestado a niños?

Su pregunta me hizo levantar de un brinco para leer el papel que sostenía: «Fahd al-Mushaiti, de 11 años, y Mansour al-Buraydi, de 12, fueron detenidos la semana pasada en Buraidah y acusados de llevar panfletos insultantes. Se diría que los Al-Saud han olvidado que no hacen sino repetir los crímenes de Saddam Hussein, contra el cual han peleado anteriormente. También olvidan que sus propios periódicos, incluso hoy, aún critican las acciones del líder iraquí.»

Nuestra hija insitió en su desafío:

—Padre, responde, ¿es verdad que nuestra familia arresta niños?

Kareem le arrebató el documento de las manos. No dijo nada. Amani estaba a punto de llorar.

—¿Padre?

Kareem empezó a meter los papeles en el maletín y dijo:

—Tú sabes que nuestros enemigos mienten.

—Muchas cosas son verdad, esposo mío.

A punto de estallar, él me miró con cólera contenida.

—Claro que exageran mucho —añadí al punto.

Kareem procuró reunir todos los papeles, pero yo escondí los míos a la espalda.

—Quisiera leer otra vez una cosa —dije—. Te los devolveré por la noche.

Tras inspirar con tanta rabia como intensidad, Kareem volvió a encararse con Amani.

—No te pediré que digas quién te proporcionó los documentos, pero sólo con la condición de que no vuelvas a ver a esas personas en tu vida.

—Pero, padre, ¡ella es amiga mía!

—¡Te lo ordeno! ¡No permitiré que mi propia hija confraternice con nuestros enemigos!

Amani se echó a llorar, pero Kareem no se ablandó.

—¿Amani?

Tras unos momentos, ella le dio su palabra. Sometida por el miedo, susurró su promesa al oído de su padre antes de recibir un abrazo y salir de la habitación.

Los penetrantes ojos de mi marido me miraron. Parodió el sonido de mi voz, diciendo «Muchas cosas son verdad, esposo mío». Y luego:

—¡Una esposa que apoya a su marido es un auténtico tesoro, Sultana!

Que un guerrero astuto sabe cuándo debe batirse en retirada era algo que yo había aprendido hacía muy poco. Incapaz de contrarrestar la ira de Kareem, y temiendo provocarle aún más, me apresuré a abandonar la habitación. Kareem salió del palacio hecho una fiera.

Al ver que no volvió para la cena, supe que regresaría tarde. Fui a ver a las chicas y descubrí que Amani se había retirado inusualmente temprano. Maha estaba hablando por teléfono.

Consulté el reloj y decidí esperar a Kareem. Mientras lo hacía, leí una vez más las graves acusaciones contra muchos miembros destacados de nuestra familia. Adulterios, robos, represión, falsos arrestos y una arrogante falta de consideración hacia las responsabilidades que los Al-Saud habíamos tenido la fortuna de heredar.

Mi sospecha de que había mucho de cierto en esas acusaciones me deprimió. Este estado de ánimo me hizo imaginar que Kareem podía estar en brazos de otra mujer. Muchos príncipes Al-Saud son culpables de traer mujeres de moral dudosa a nuestro país por el ilícito placer sexual que pueden proporcionar a los hombres. Acosada por aquellas visiones, empecé a pasearme intranquila por la habitación. En un arranque de rabia, lancé un jarrón de cristal contra la pared. Como esto no me proporcionara alivio alguno, me eché a llorar.

No podía dormir. Cuando ya los ojos se me cerraban, la luz que se colaba por las rendijas de las cortinas anunció que el día empezaba a despuntar.

Kareem no volvió a casa hasta media mañana.

Yo me disponía a telefonear a Assad, el hermano de Kareem, cuando mi marido entró por la puerta. Pese a sus ojos enrojecidos, tenía la expresión de alguien que vuelve de un recado rutinario.

—Querida —dijo, inclinándose para besarme.

Mi serena sonrisa disimuló mi desespero. Toda mujer tiene una fuente secreta de conocimiento sobre su marido. Percibí en él el olor de otra mujer y así se lo dije. Tratando de aplacarme, Kareem empezó a contar una mentira tras otra, pero yo, furiosa, fui por mis maletas y empecé a llenarlas con mis cosas.

Kareem deshizo las maletas. Yo repetí el proceso, y él hizo otro tanto. Nuestra conversación siguió el mismo ir y venir de ropas y enseres, sólo que con distintas palabras.

Me quedé mirando mi bolso vacío y le amenacé con el divorcio. Kareem agarró el teléfono y dijo que marcara cierto número, que había estado en casa de un amigo y que ese amigo juraría que no habían gozado de la compañía de ninguna mujer.

Sabiendo que ese amigo le protegería, comprendí que no había forma de saber la verdad. Derrotada por la libertad que solamente los hombres pueden reclamar como algo propio, sentí la desesperada necesidad de lastimar a mi marido. Recordando la promesa que había hecho de dejar la bebida, y consciente de que a Kareem le dolería mucho que yo la rompiera, fui hasta el armarito donde guardábamos las bebidas. Abrí una botella de whisky y bebí un trago de la botella. Kareem me miraba desconcertado. Le dije lo que estaba pensando:

—Los maridos mandan, las esposas aguantan. —Hice una pausa para beber un poco más—. Si tú te vas a la cama con otra mujer, Kareem, entonces yo seré una alcohólica.

Kareem pestañeó de sorpresa y luego dijo:

—¡Vaya! ¡Una copa, y nada menos que a las diez de la mañana! Muy buena idea, Sultana. —Se acercó y me arrebató la botella, y entonces también él bebió un sorbo. Se limpió labios y bigote con el dorso de la mano—. Si la mujer que amo es una alcohólica, yo también lo seré.

Me quedé mirándolo. ¡Yo no quería que ninguno de los dos se convirtiera en un alcohólico!

Una débil sonrisa empezó a aflorar a los labios de Kareem. Mi marido era un hombre de dos caras, una encantadora y otra detestable. Empecé a debilitarme tras mirar sus grandes ojos negros llenos de afecto.

Cuando el pecho de Kareem empezó a subir y bajar con una risa callada, toda mi ira se evaporó de golpe. Lancé una carcajada y devolví la botella de whisky al armario.

Al momento, nos abrazamos como amantes.

Nuestro última disputa quedó rápidamente sepultada en el mismo recipiente sin fondo de todos los asuntos pendientes de nuestro matrimonio.

Por la mañana Kareem me dijo muy serio que quería hablar conmigo de un asunto importante.

Tras encargar café cargado a la cocina, me senté en silencio dispuesta a escuchar lo que Kareem tenía que decirme.

—El incidente con Amani me ha hecho reconsiderar mis ideas sobre el futuro de este país. He decidido invertir más dinero en empresas extranjeras.

Le miré un momento antes de responder:

—¿Por qué quieres hacer eso?

—Por nuestros hijos, Sultana. —Hizo una pausa—. ¿Estás de acuerdo?

Tratando de pensar, me froté la frente.

—No sé qué decir. Es demasiado temprano para pensar en negocios... ¿No crees que ya tenemos suficientes intereses en el extranjero?

Kareem y yo poseíamos hoteles en Europa, América y Asia. Incluso ahora, velar por todas nuestras posesiones era casi imposible. A raíz de una reciente contabilidad, nos habían dicho que nuestros activos en propiedad inmobiliaria, dinero contante y negocios en todo el mundo ascendía a casi novecientos millones de dólares.

Kareem se inclinó hacia mí.

—Escucha, Sultana. Afrontemos la realidad. Incluso nuestra propia hija, la sobrina del rey, critica al régimen. ¿Imaginas lo que piensan de tu familia otros saudíes? Un día perderemos este país. No será mientras vivamos nosotros, seguramente, pero sí mientras vivan nuestros hijos.

Esas palabras me deprimieron, aunque este tema había sido tratado por nuestra familia en muchas ocasiones.

—Nada dura para siempre —musitó Kareem—. Antes o después, nuestra familia perderá el control del país. Temo que Arabia Saudí siga el mismo camino de Irán y Afganistán. La ola fundamentalista se está convirtiendo en un maremoto que alcanzará a todos los países musulmanes. —Hizo una pausa mientras reflexionaba.

La idea de que Arabia Saudí siguiera el destino de Afganistán hizo que mi corazón palpitara de miedo. La triste historia de Afaaf, la doncella de Sara, dejaba una cosa bien clara: si Arabia Saudí llegaba a ser gobernada un día por los fundamentalistas, las mujeres de nuestro país estarían aún más oprimidas.

Kareem dijo con acritud:

—Además, la única razón de que todavía tengamos el poder es que Estados Unidos necesita el petróleo saudí. Pero esta fuente de combustible podría ser otra. Los científicos ya están empezando a encontrar sustitutos para las necesidades energéticas de Occidente. Cuando ese día llegue, Arabia Saudí, y nuestra familia, ya no será insustituible para los americanos. —Su rostro se hinchó de rabia—. Los políticos americanos son muy materialistas. Nos arrojarán a los chacales en cuanto no les seamos útiles, del mismo modo que desdeñaron a Reza Pahlevi. Mira, yo calculo que dentro de veinte años todos nosotros viviremos en el exilio.

Miré a Kareem.

—Incluso si no gobernamos —susurré—, ¿no sería posible llevar una vida anónima en nustro propio país?

—No —suspiró Kareem—. Nuestro apellido será siempre una carga. Gobernará un régimen fundamentalista. Arabia Saudí será demasiado peligrosa para los Al-Saud. Todo el mundo nos odiará.

Yo sabía que eso era cierto. Tenemos un dicho que dice «los árabes te alaban o te matan»; nuestra suerte podía cambiar de un momento a otro. Los Al-Saud gobernarían o serían aniquilados; no había posibilidad de término medio.

Kareem meneó la cabeza.

—Sólo nosotros tenemos la culpa, Sultana. ¿Qué hemos hecho para hacernos querer por los líderes religiosos? ¡Nada! ¿Qué hemos hecho para tranquilizar a la comunidad profesional? ¡Nada! Nuestros padres no escuchan a sus hijos. Unas cuantas concesiones en este sentido no irían mal. Nuestra posición se fortalecería. Pero no. Nuestros padres están sordos. Sólo oyen al fantasma del fundador del país, un hombre que se consideraba a sí mismo el martillo y a sus súbditos los clavos.

Asentí. Todo el mundo sabía que Abdul Aziz, el guerrero beduino que había fundado el reino de Arabia Saudí en 1932, había gobernado con mano firme a su familia y sus ciudadanos.

Kareem se retrepó en su silla con gesto de impotencia.

—No hay nada que hacer, Sultana.

Empecé a llorar lágrimas de tristeza.

Mi marido buscó un pañuelo en sus bolsillos.

—No llores, por favor —rogó.

Hundí la nariz en el pañuelo. Sabía que todo cuanto me decía era cierto y que un día me quedaría sin la única vida que yo había conocido. Y todo porque los mayores de nuestra familia eran demasiado tozudos y estúpidos para entender que es preciso cambiar alguna cosa para mantener las cosas como están. ¿Por qué los Al-Saud no podían controlar mejor el clima de nepotismo, corrupción y despilfarro que tanto molestaba a los ciudadanos de Arabia Saudí? Hasta el último miembro del clan Al-Saud era más rico y poderoso de lo imaginable. Aunque no ganara ni un sólo riyal más, mi familia podría vivir cien años sin merma de esplendor.

Las lágrimas no dejaban de fluir.

—Sultana, cariño, no llores más —susurró Kareem.

Para alivio de mi esposo, conseguí al fin dominar mi llanto. Pero nada podía aliviar mi temor a lo que nos depararía el futuro.

WADI AL JAFI

Tres semanas después, nuestro palacio de Riad era un hervi-
dero de acalorados sirvientes yendo de un lado para otro a toda
prisa. Estaban terminando los preparativos necesarios para la excursión de la familia al desierto. Muchos de ellos iban a acompañarnos, lo cual constituía una rara diversión en sus vidas ruti-
narias.

A la bulliciosa actividad de la servidumbre se sumaban los
gritos de trabajadores revoltosos que sudaban profusamente
mientras cargaban muebles y material pesado en unos grandes
furgones.

Aunque a todo el mundo le encantaba la perspectiva de pasar
unos días en el desierto, los miembros de mi familia nunca están
muy dispuestos a abandonar las comodidades de nuestra opulenta existencia. Habituados a vivir en el lujo, preferimos no emular
demasiado las duras condiciones de vida que hubieron de soportar nuestros antepasados.

Ahora, además de las tiendas de campaña beduinas y los muebles hechos a medida, los obreros estaban cargando alfombras
persas, cojines de seda, porcelana fina, cristalería, cubiertos de
plata y los más mundanos cacharros de cocina. Material de aseo
especialmente diseñado para viajar —bañeras, lavabos e inodo-
ros— esperaban ser cargados en los furgones. Lo último en subir

serían los baúles especiales donde iba nuestra ropa, a fin de tenerla muy a mano.

Cinco generadores a gasolina iban ya en un camión independiente. Ellos alimentarían los dos congeladores y los tres frigoríficos que esperaban ser cargados. A su lado había dos cocinas de gas.

Nuestros jardineros filipinos se encargaron de empaquetar comida fresca, incluidas frutas y verduras importadas de Egipto, Jordania e Italia.

Más de mil botellas de agua mineral Evian esperaban ser subidas a otro camión; dos grandes camiones cisterna, llenos de agua para cocinar y bañarse, estaban ya listos para partir.

De fondo pude oír los ruidos de ovejas y pollos recién traídos del bazar. Tras una hora de esperar a pleno sol en el camión, los pobres animales empezaban a impacientarse. Había también varios camellos, unos para montar y otros, menos afortunados, para servir de festín en el desierto.

Anoté mentalmente que debía mantener a la sensible Amani lejos de donde esos animales iban a ser sacrificados. Presenciar la matanza podía provocarle una nueva crisis.

La semana anterior, Kareem había encargado veinticinco vehículos nuevos de tracción integral con aire acondicionado para transportar al numeroso grupo.

Se oyeron palabras malsonantes en el jardín. Una de las cocineras egipcias estaba insultando a una aprendiza.

Los halconeros que se ocupan de adiestrar y cuidar a las preciadas rapaces de Kareem iban de un lado a otro con sus halcones encapuchados posados sobre la mano, siempre protegida por un guante de cuero pues las ganchudas zarpas del halcón pueden desgarrar la piel hasta el hueso. Con sus potentes ojos, sus largas alas puntiagudas, sus potentes picos curvados y sus garras afiladas, los halcones no tendrían problema para abatir conejos, palomas silvestres y *hubara*, un ave migratoria conocida también como avutarda.

Los halcones llevaban una *burqa* (capucha) de cuero. Por todo el jardín había pedestales especiales para ellos, llamados *wakar al tair*. La península Arábiga es uno de los últimos lugares de la tierra en donde se practica la caza con halcón. La temporada de invierno no había concluido aún, y nuestros maridos tenían previsto ir de cacería al desierto.

En medio de tanta actividad, Maha y yo nos miramos antes de echarnos a reír. La combinación de tantos colores y ruidos hacía que nuestro apacible jardín pareciera tan exótico como un ajetreado bazar.

Hasta Amani empezó a sonreír, y eso que estaba dando instrucciones especiales a una desanimada sirvienta filipina respecto a cómo debía de alimentar y cuidar a sus numerosos pájaros durante su ausencia. La filipina acababa de enterarse de que era uno de los diez empleados sin suerte que Kareem había decidido dejar en nuestro palacio de Riad.

Aunque nunca me canso de ver estas cosas, aún tenía que tomar mi baño matutino, así que volví al palacio. Considerando el calor que hacía fuera, dije a una de las criadas que pusiera en la bolsa varios botes de crema protectora.

Después de bañarme y suavizar mi piel con una loción espesa, me puse un vestido de algodón azul claro largo hasta el tobillo. Los saudíes vestimos igual en el desierto que en la ciudad; los hombres se protegen del sol con sus *thobes*, y las mujeres con vestidos largos.

Me hice unas trenzas en el pelo antes de desplegar mi velo, mi pañuelo de cabeza y mi *abaaya*. Debería cubrirme con estas cosas siempre que saliera de nuestro terreno privado.

Palpé las prendas de seda con cierta aversión. En mis viajes al extranjero, siempre prescindo de las odiadas tapaderas negras, pero en Arabia Saudí formaban parte de mi vida cotidiana. Después de mirar la vida sin una pantalla negra y de respirar el aire sin un filtro de tela, el velo es como el peso del mundo alrededor de tu cuerpo, aunque esté hecho de una tela delgada y diáfana como la gasa. A pesar de ser una mujer adulta, las contradicciones de mi vida me seguían confundiendo. Descarté estos desagradables pensamientos y volví al jardín.

Habían llegado ya los hermanos y sus familias, y cuando nuestros chóferes pusieron los motores en marcha, el numeroso grupo empezó a congregarse cerca de los vehículos.

Mis hermanas —Sara, Nura, Tahani, Dunia y Haifa— viajaban conmigo en un vehículo, mientras que nuestros esposos iban en otros dos. Los hijos formaron grupos a su antojo y se repartieron en jeeps conducidos por ellos mismos. Una vez acomodada toda la familia, el resto de la numerosa comitiva subió a los vehículos restantes.

¡Por fin empezaba nuestro tan esperado periplo! El mero hecho de pensar en la aventura del desierto hizo que sintiera correr por mis venas la ardiente sangre de mis antepasados.

Miré a mis cinco hermanas. Cuando el coche empezó a dejar atrás el palacio, todas empezaron a ponerse los velos.

Sin embargo, pese a la negra máscara, cada una de mis hermanas seguía siendo un individuo claramente diferenciado. Nura había llevado gafas durante años, y ahora podía verse el perfil de la montura bajo la tela de su velo. Tahani llevaba unas gafas de sol sobre el puente de la nariz, pero por encima del velo, lo que le daba un aire muy cómico.

Haifa, apasionada de la música, llevaba sobre el velo y el pañuelo unos auriculares rojos. Miré al suelo y vi asomar bajo la capa de Dunia unas zapatillas Reebok de vivos colores. Sara llevaba sandalias de piel.

Irritada por la absurda costumbre de llevar velo, quise sobresaltar a mis hermanas y exclamé:

—¡Que éste sea un día especial! ¡Quitémonos los velos y arrojémoslos al polvo! —Me dispuse a desprenderme del mío.

Sara lanzó un grito mientras me impedía hacerlo.

El chófer egipcio, mirándome por el retrovisor, se echó a reír. Conocía de sobra lo que yo pensaba sobre el velo y el manto negros, y parecía disfrutar con mi poco convencional comportamiento en público.

Nura, la mayor de la familia, se levantó el suyo y me miró muy seria.

—¡Sultana! ¡Te ordeno que te comportes! Concéntrate en el viaje y no en el velo.

—Lo ves, Nura, me das la razón —bromeé señalando su cara expuesta a todos—. Hasta tú sabes que las palabras significan poco pronunciadas detrás de un velo.

¡Era verdad! La palabra hablada y la expresión facial van juntas; una sin la otra no son tomadas en serio.

—¡Sultana! —me previno Nura.

Tahani empezó a reírse de la expresión de su hermana mayor, tan evidenciada por la ausencia de velo. Todas menos Nura se sumaron a las risas.

—Bueno —murmuré—, supongo que no me hará ningún daño llevar el velo unas horas más.

Comprendiendo que le había estado tomando el pelo, Nura me pellizcó un brazo. Me escabullí detrás de Sara, y todas empezamos a reír.

—No te preocupes, Nura —dije—. Está claro que Alá quiere que lleve este velo odioso hasta la tumba.

Nuestra caravana fue pasando por varias ciudades modernas ubicadas en bellos oasis de palmeras datileras. El plan era montar el campamento en una zona situada entre los montes Tuwaid y las dunas de Dahna. Había allí un *wadi* —un barranco seco— conocido como *wadi* al Jafi, que era una antigua ruta beduina.

El rechinar de las marchas del todoterreno y las sacudidas de las ruedas empezaron a fatigar mi cuerpo. Ya tenía ganas de que terminara el trayecto y empezase nuestra aventura del desierto.

Tras varias horas en coche, llegamos a una gran extensión de arena llana a escasa distancia del oasis de *wadi* al Jafi. Aunque cerca había aldeas, poblados y otros campamentos, nuestras tiendas serían levantadas en una zona aislada.

Me gustó el sitio escogido por Kareem. La soledad y la quietud nos rodeaban. En este sitio sin árboles ni siquiera cantaban los pájaros. Todas mis hermanas y las demás mujeres me imitaron entre risas cuando me quité el velo y la *abaaya*.

Desprenderse de las negras envolturas no se consideraba algo indecente puesto que ahora nos encontrábamos rodeados de nuestros familiares y sirvientes. Es difícil ocultar la cara a quienes viven en el recinto de nuestros palacios; así pues, por pura necesidad práctica, los hombres contratados por nuestras familias pronto se acostumbran a ver las caras sin velo de las mujeres e hijas de sus patrones.

Bajo el cielo inmenso y acariciada por la brisa del desierto, me sentí libre y feliz como una niña. Los hijos pequeños de Sara empezaron a perseguir a los de Tahani levantando nubecillas de arena con sus pies descalzos. También los más pequeños sentían la atracción del desierto ilimitado.

Me senté en un grupo formado por mis hermanas y nuestras hijas mayores mientras los hombres erigían las tiendas negras de pelo de cabra donde nuestras familias se alojarían durante dos semanas. Nos sentimos felices mientras sorbíamos un té caliente y azucarado, acomodadas sobre unas alfombras puestas sobre la arena.

Instalar aquellas enormes tiendas no fue tarea fácil, incluso para gente habituada a ello, y el alboroto de los mástiles que caían y los techos que se venían abajo nos hizo reír más de una vez.

Ver a los hombres forcejeando con las testarudas tiendas me hizo sentir especialmente agradecida por mi privilegiada situación en la vida. Tradicionalmente, las tareas relacionadas con la tienda negra son responsabilidad exclusiva de las mujeres. Primero, las mujeres cortan el pelo de cabra y hacen con él unas hilazas, luego lo tejen para hacer las paredes y techos de las tiendas. No acaba ahí su tarea, pues de esa misma hilaza deben tejer también la cubierta y otros accesorios del interior, tales como colgaduras, alfombras y tabiques que dividen la tienda. Estas «casas de pelo» han sido el hogar de los hombres del desierto desde tiempo inmemorial.

Aunque se las conoce como «tiendas beduinas negras», estos pabellones no son de color negro sino de los variados tonos que presenta la lana de las cabras. Las dimensiones cambian en función de la riqueza e importancia del propietario de la tienda.

Por supuesto, las nuestras eran especiales, mucho más amplias y complejas que las que los beduinos han conocido nunca. Cada tienda estaba compuesta de doce tiras anchas de tela negra, de más de dos metros de largo. Sostenían la tienda ocho armazones de madera.

Incluso la más pequeña, que sólo medía un metro ochenta de longitud, hubiera parecido enorme a la mayoría de beduinos.

Las mujeres nos cansamos de contemplar la actividad mucho antes de que el campamento estuviera listo. Aunque elogiamos a los que trabajaban más deprisa, después de varias horas de duro trabajo sólo cinco tiendas estaban levantadas y tensas. Un gran número de ellas esperaba aún su turno. La noche nos caería encima antes de que todas las tiendas estuvieran listas.

Nuestra impaciencia nos hizo pedirle a Assad que nos acompañara a dar un pequeño paseo por los alrededores. Con Assad a la cabeza, un numeroso grupo de mujeres y niños se adentró alegremente en el desierto pese a que el sol aún estaba alto y seguiría abrasando durante unas horas más. Para nosotras fue un placer que el sol nos diera en plena cara mientras los niños tomaban la delantera.

Los ojos de mi hija Amani centelleaban de gusto pues iba haciendo mimos a un camello joven durante el camino. Por la mañana, cuando los hombres descargaban camellos y ovejas, Amani se había pegado a este cachorro de color canela que ahora tropezaba y mugía meneando la cabeza al extremo de su largo cuello. El animal había sido separado demasiado pronto de su madre y había reconocido en Amani una fuente de consuelo, con lo que la seguía a todas partes.

Cuando ella se puso a hablarle con voz de niña, supe que no probaríamos la tierna carne de aquel animal. Con su suave pelaje rizado, sus largas patas y, sobre todo, sus enormes ojos de grandes pestañas, el pequeño camello nos había conquistado a todas. Confié en que Amani no pidiera que lo dejásemos dormir con nosotras en la tienda. Suspiré mientras la observaba, pensando en cómo curar a mi hija de su locura por los animales.

Sara me tocó el hombro. Intercambiamos una mirada compungida. Mi querida hermana conoce todos mis sentimientos y los comprende.

Los niños formaron grupos y se dividieron en distintas direcciones, prometiendo no alejarse mucho. Assad fue a sentarse en lo alto de una loma y dijo que nos vigilaría desde allí. Sonrió al mostrarnos sus potentes prismáticos.

Mis hermanas y yo caminamos tomadas de la mano hacia un altozano en la arena. Escruté la infinitud del desierto.

—Imaginaos —dije—, todo nuestro mundo antiguo ocupó antaño este inmenso vacío.

—Y no hace tanto tiempo —dijo Sara, agachándose para coger una pequeña flor del desierto.

—De la que nos hemos salvado las mujeres, menos mal —dijo Dunia, estremeciéndose al pensar en la cantidad de trabajo que quedaba aún por hacer en el campamento.

Nura puso los ojos en blanco.

Sara y yo nos miramos, compartiendo la misma idea. A ambas nos chocó que Dunia accediera a venir en este viaje. Dunia raramente se aventuraba fuera de su palacio. Para nuestra sorpresa, tan pronto se le dijo que habría habitación para su quiromasajista egipcio y su esteticién libanesa, mi hermana decidió acompañarnos.

A Sara y a mí solía fastidiarnos la conducta de Dunia. No cabe duda de que posee la personalidad ideal de la princesa saudí. De las diez hijas de nuestra madre, ninguna disfruta más de la vida de ocio que Dunia. Su pasatiempo favorito consiste en ser todo lo perfecta que las imperfecciones de su cuerpo le permiten. Ha conseguido contentarse con pasar el día comiendo, durmiendo, sometiéndose a tratamientos de belleza y visitando a parientes y amigas. No lee periódicos, revistas ni libros, no hace ningún ejercicio ni muestra el menor interés por lo que ocurre fuera de su palacio. Con el paso de los años, he notado que la fatiga de Dunia empieza cada vez más temprano, mientras que sus horas de reposo aumentan día a día.

Una vez temí que Dunia tuviese alguna discapacidad mental, pero parece que no es el caso. Lo que pasa es que nada conmueve su perezosa inteligencia. Con todo, no es mala persona; no ha hecho daño a nadie en su vida. Pero, que yo sepa, tampoco ha ayudado a nadie. Por supuesto, las hermanas la queremos por el mero hecho de que también es hija de nuestra madre. Dunia no heredó ninguna de sus grandes cualidades, pero eso no quita que sea de nuestra sangre. No hay otra alternativa que quererla como la hermana que es.

Nura se detuvo para coger un puñado de arena.

—Sí —dijo—. Escapamos por poco de la dura vida de los nómadas.

Dunia se tocó la cara.

—Nura, si sigues hablando de eso me van a salir arrugas.

Nos echamos a reír. La falta de apasionamiento de Dunia, a favor o en contra de cualquier tema, sumada a las interminables cremas, masajes y lociones, ha mantenido su cutis inmaculado. ¡Ninguna arruga osaría asomar a su cara!

Años atrás, Kareem apodó secretamente a este hermana como «la momia», diciendo que no se le notaba en la cara ni uno solo de los años que llevaba en este mundo.

Nura abrazó a Dunia y la besó ruidosamente en ambas mejillas.

—¡Oh, Dunia! ¿Y a ti te preocupa la posibilidad de tener arrugas?

Ella se forzó a sonreír. Como de costumbre, no supo dar con una respuesta adecuada. Sí, pensé con tristeza, la mente de mi hermana debe de estar vacía.

A partir de ese momento caminamos en silencio hasta llegar al altozano. De repente, todo el esplendor de las dunas de Dahna quedó ante nuestra vista. Grano sobre grano de interminable arena habían formado asombrosas montañas rojizas; algunas dunas eran tan elevadas que casi parecían rozar el cielo. Contuve el aliento maravillada ante aquel espectáculo.

Mis hermanas contemplaron también en silencio la arena roja que brillaba como el cobre a la luz del sol. Y pensar que durante miles de años nuestros antepasados han sentido la misma fascinación por la belleza de un paisaje panorámico como el que ahora teníamos la suerte de disfrutar.

La ausencia de sonidos zumbaba en mis oídos mientras permanecíamos allí extasiadas, y me dediqué a escuchar atentamente el silencio. Cuando forcé la vista, sin embargo, creí ver que algo se movía. Hice visera con las manos.

—¡Mirad! —grité, escrutando el mar de arena—. ¡Las dunas se mueven!

El viento era apenas una brisa suave, y sin embargo la arena parecía rodar en dirección a nosotras. Achiqué los ojos para escudriñar la lejanía. ¿Sería un espejismo?

Sara se mostró alarmada, y en ese momento vi que no se trataba de arena en movimiento sino de un grupo de hombres montados en camellos que atravesaba las dunas hacia nosotras. Eran desconocidos, y estando lejos de Assad éramos vulnerables con la cara y el cabello descubiertos. Unos gritos penetrantes aumentaron nuestro sobresalto. Varios de los viajeros habían desplegado sus *ghutras*, los pañuelos rojos y blancos que llevaban en la cabeza, y nos saludaban agitándolos. Sin duda, eran beduinos que nos habían visto y corrían hacia nosotras.

Alarmadas, llamamos a gritos a nuestras hijas y a los niños mientras nos afanábamos por la arena camino de donde se encontraba Assad.

Tahani gritó de pánico cuando tropezó con su vestido largo y cayó de bruces al suelo. Dunia no se detuvo para ayudar a su hermana; siguió corriendo a una extraordinaria velocidad y pronto se perdió de vista.

Assad dejó caer los prismáticos y echó a correr hacia nosotras. Al ver el motivo de nuestro temor, nos dijo que nos calmásemos y regresásemos rápidamente al campamento. Él se quedaría allí para recibir a los viajeros del desierto.

Una hora después, mis hermanas y yo reíamos del incidente. Todas menos Dunia. Ella seguía llorando de terror, incluso ahora que estábamos a salvo dentro de nuestra espaciosa tienda, protegidos por nuestros hombres. La doncella de Dunia aplicó a la frente de su aterrorizada señora una serie de paños húmedos, pero nada conseguía calmar a nuestra hermana. Dunia estaba convencida de haber escapado por los pelos de ser apresada por aquellos hombres y obligada a pasar el resto de su vida como esposa de un beduino.

Aunque parezca extraño, todavía existen en Arabia algunas tribus que no han querido capitular a la vida de ciudad. Y es un hecho que estos árabes del desierto suelen ofenderse hasta extremos violentos cuando alguien rechaza sus ofertas de comprar mujeres. ¿Quién podía decirnos que esos nómadas no habrían vuelto a antiguas costumbres y raptado sin más a alguna mujer de nuestro grupo?

En 1979, una americana a quien Sara conoce bien escapó por muy poco a ese destino. Estando de excursión por el desierto, Janet, que así se llamaba la mujer, y su novio Bill, que trabajaba para Assad en uno de sus muchos negocios, habían topado con un campamento de beduinos. Bill, que llevaba viviendo en Arabia algún tiempo, hablaba bastante bien el árabe. Cuando los invitaron a sumarse a la tribu para tomar té, Bill creyó que era una oportunidad inmejorable para enseñar a Janet cómo era un campamento de verdaderos beduinos.

Pero desde el principio el encuentro fue de lo más inquietante. Los nómadas quedaron cautivados por la mujer americana. Janet era muy hermosa, de piel marfileña, ojos verdes y un pelo ondulado y largo hasta la cintura; ¡los beduinos no habían visto nunca semejante despliegue de seductora belleza femenina!

Tras la segunda taza de té, el jefe beduino se envalentonó y le preguntó a Bill qué precio había pagado por la mujer. En broma, Bill le dijo que aquella mujer era muy cara, que en realidad costaba cien camellos. El jefe meneó la cabeza con solemnidad mientras miraba a la bella pelirroja. ¡Realmente le iba a salir muy cara! Entonces dio una palmada y dijo que accedía a sacrificar el futuro económico de su tribu para poseer a aquella irresistible hembra. Él pagaría esos cien camellos por la mujer. O más. Los penetrantes ojos del jefe dieron a entender que su deseo era urgente.

Para consternación de Bill, el jefe dijo a sus hombres que empezaran a reunir los cien mejores camellos de su enorme manada.

Como Bill desechara la generosa oferta, el beduino le ofreció el doble, pero al comprender finalmente que la mujer no estaba en venta, fuera por cien o por cien mil camellos, pasó de mostrarse hospitalario a exhibir una rabia suprema. ¿Es que los beduinos no eran dignos de poseer una mujer así? ¡Eso era un insulto!

La cosa se deterioró rápidamente y la asustada pareja escapó por los pelos de los indignados beduinos. Consiguieron llegar a su vehículo y se alejaron a toda velocidad, pero fueron perseguidos por beduinos a camello. Quién sabe qué les habría pasado si no hubieran tenido un vehículo rápido y potente.

Después de saludar a los beduinos, Assad los había invitado a venir al campamento para tomar té. Nos dijo que los hombres que tanto nos habían asustado eran miembros de una tribu beduina que había salido a cazar.

Ahora esperábamos la partida de los nómadas a fin de poder reunirnos con nuestros esposos. Poco después de que el aroma de la cena empezara a estimular nuestros vacíos estómagos, los beduinos se despidieron no sin antes sacarles a nuestros maridos la promesa de que iríamos a visitar su campamento.

Aliviada por su partida, fui la primera en salir de nuestra tienda. Mis hermanas y las otras mujeres se apresuraron a imitarme.

Todos estábamos hambrientos, de modo que formamos un rápido corro en torno a las alfombras cubiertas por grandes manteles de hilo blanco que hacían las veces de mesa. Aunque en Arabia Saudí es tradición que los hombres coman primero y que las mujeres esperen y coman lo que queda en la mesa, no es costumbre que nosotros observemos siempre si los comensales son todos de la familia. Incluso el arrogante Alí come a veces con sus esposas e hijos. Por consiguiente, estábamos todos sentados con las piernas cruzadas cuando nuestros sirvientes trajeron aguamaniles para lavarnos las manos.

La boca se me hacía agua pensando en el festín; los cocineros habían estado ocupados en ello desde nuestra llegada. Olvidados sus previos desacuerdos, los tres cocineros contemplaron juntos el desfile de comida. Seis hombres portaban una gran bandeja de latón que medía al menos tres metros de largo. Un pequeño camello que había estado asándose todo el día yacía ahora en un lecho de arroz sobre la enorme bandeja. Dentro del camello había un cordero relleno de pollo. Los pollos, a su vez, estaban rellenos de huevos cocidos y verduras. Los sirvientes empezaron a colocar ante nosotros cuencos de ensalada, aceitunas, quesos.

El ritual de la comida empezó cuando Kareem pronunció la palabra *bismillah* («en el nombre de Alá el Misericordioso»). Puesto que era el anfitrión, Kareem insistió en que el marido de Nura, Ahmed, que era el mayor de la reunión, fuese el primero en probar la comida. Ahmed dijo que él no merecía ese honor. Con fervor, Kareem fue subiendo el tono de voz para decir que el nombre de nuestra familia caería en desgracia si Ahmed no era el primero en probar la comida.

Yo oía sin escuchar, pues estoy tan acostumbrada a ese ceremonial que normalmente no hago caso de la demora. Pero en esta ocasión estaba famélica. Aunque no dije nada, pensé que los saudíes dedicamos demasiado tiempo a ritos insensatos cuyo resultado se conoce. Era una conclusión predecible que Ahmed se dejaría convencer por Kareem y tomaría el primer bocado.

Kareem y Ahmed se alargaron tanto que me entraron ganas de picar una albóndiga. Cuando me disponía a ello, Kareem hizo una pelota de arroz en la palma de su mano y se la pasó a Ahmed. Mi cuñado cedió al fin. Después de llevársela a la boca, arrancó un pedazo de carne del camello asado y procedió a comer.

Fue la señal de que el banquete podía comenzar.

Los cuencos fueron pasando de mano en mano, mientras otras manos se servían de la bandeja grande. Todo el mundo estaba tan hambriento que fue de las pocas ocasiones en que ninguna conversación interrumpió nuestro yantar.

Cuando hubimos dado cuenta del plato principal, los sirvientes empezaron a traer bandejas de dulces de crema, nueces y miel. Aunque ya estábamos llenos, nadie dejó de probar los deliciosos postres.

Sonaron voces dando gracias a Dios, *alhamdulilah*. Por último, los sirvientes trajeron cuencos de plata con agua de rosas para que nos lavásemos las manos y la boca.

La comida había concluido.

—Vamos —propuso Kareem—, sentémonos todos alrededor del fuego.

Puesto el sol, el aire del desierto era ahora muy frío, de modo que nos alegramos de congregarnos en torno a las ascuas de la gran fogata. Hasta los más pequeños vinieron con nosotros. Iniciamos entonces nuestra costumbre de compartir historias, actividad favorita en todas las reuniones familiares.

Mientras los sirvientes traían té y café, y limonada para los pequeños, varios miembros de la familia contaron excitantes historias en verso sobre la vida en las caravanas y las guerras tribales.

Antiguamente, árabes y beduinos habían guerreado entre ellos. Aquellos encarnizados enfrentamientos se consideraban un modo honroso de defender la propia tribu. Los guerreros más terribles eran los Al-Saud, pues masacraban sin piedad a sus enemigos jactándose de que en sus incursiones no dejaban un solo combatiente enemigo con vida. Los inocentes —mujeres, niños y ancianos— eran distribuidos entre los vencedores.

Estimulados por estas historias, los mayores de nuestra familia sentían el tirón de nuestro pasado reciente, pues cuando Ahmed se puso en pie y ordenó que le trajeran su espada, nuestros esposos decidieron imitarle. Al poco rato, los demás pudimos disfrutar con el *ardha*, una versión de una danza guerrera árabe.

Sonreí mientras contemplaba a Kareem y los otros hombres saltando y cantando, blandiendo sus espadas con extravagantes movimientos. Alí empezó a retarse con Assad, pero pronto cedió al ponerse muy acalorado. Aunque Alí es mucho más corpulento que Assad, los años han ido aflojando sus carnes, mientras que el muy disciplinado Assad ha conservado su musculatura y buena forma.

Finalmente nuestros hombres volvieron a sentarse, jadeantes, en torno al fuego. Levantaron jarras de agua en alto y las dirigieron hacia sus bocas con pericia, haciendo que el agua cayera directamente en sus gargantas sin derramar una sola gota.

Cuando Tahani empezó a contar una historia beduina de amor, Alí la interrumpió burlándose de esos sentimientos. Para mi desconsuelo, Tahani calló de inmediato. Alí miró hacia los más pequeños y dijo muy serio:

—Estas historias de amor os calentarían la cabeza. La lección más importante es la que se deduce de la historia que ahora voy a contar.

Intercambié una mirada con Sara, pero recordando la promesa que había hecho a Kareem de no pelear con mi hermano en este viaje, intenté fingir interés.

Incluso rodeado de tantas mujeres de su familia, mi hermano no pudo dominar sus prejuicios contra las mujeres. ¡El odio de Alí alimentaba también su relato! Tuvo la osadía de contar la historia de un joven beduino que, tras ser cruelmente agredido por miembros de una tribu rival, salvó la vida gracias a una mujer desconocida. El joven había sentido tal repugnancia al notar en su cuerpo las manos de una mujer extraña que le escupió a la cara y se puso a gritar que había que lapidarla. Alí miró a sus hijos y sobrinos y, seguro de su papel de adulto y sabio, dijo al impresionable público que era mejor morir a manos de un enemigo varón que ser salvado por una mujer desconocida.

Me quedé boquiabierta ante su audacia. Para no hablar, tuve que morderme la lengua. La historia de mi hermano fue mal recibida por todo el mundo, pero la concurrencia era más cortés de lo que él se merecía y, para mi desilusión, ninguna crítica llegó hasta sus oídos.

Las caras de las mujeres reflejaban aún su mal humor cuando Kareem se dispuso a contar una última historia. Mi corazón estaba convencido de que mi esposo quería que nuestros pequeños se fueran a dormir con algo más edificante en la cabeza que el perverso cuento de Alí. Kareem dirigió su atención a los niños y a los recién llegados a la vida adulta.

—Queridos hijos, no hay rasgos más deseables que la generosidad y la hospitalidad. Para mí es un placer contaros la historia del árabe más generoso que haya pisado jamás esta tierra.

Y narró un cuento popular beduino que emociona a todos los árabes, pues nada nos impresiona tanto como las historias que hablan de gestos muy generosos.

—Se dice que todos los grandes hombres nacen en tiendas pequeñas. Ése fue el caso del jeque Hatim. Nació en una tienda muy pequeña, pero a base de trabajar duro llegó a ser uno de los jeques más ricos del desierto.

»Su nombre iba de boca en boca, no debido a su riqueza sino a esa gran virtud árabe, la generosidad, que él practicaba con más fe que cualquier otro hombre. El jeque Hatim daba a todo aquel que le pedía, y nunca ponía en duda las necesidades de los demás. Jamás negaba una petición, aunque fuera de sus enemigos. Una vez, cuatrocientos hombres, mujeres y niños hambrientos peregrinaron desde las colinas apergaminadas por la sequía hasta la tienda del jeque. Hatim hizo matar y asar cincuenta camellos para proporcionarles comida.

»La noticia llegó a oídos del sultán de Roum, quien estaba convencido de que la generosidad del jeque era falsa, una manera de hacer propaganda de sí mismo y de las mercancías que vendía. El sultán decidió enviar a sus hombres para que pidieran al jeque su más preciada posesión, un precioso semental conocido en todo el territorio; quería ver si el jeque Hatim era tan generoso como se decía.

»*Duldul*, el semental, era el mejor caballo de Arabia. Se había criado con los hijos de Hatim y compartido todas las penas y alegrías de la familia del jeque. El caballo era tan querido que jamás había probado el látigo ni oído un solo insulto.

»Los hombres del sultán se perdieron en medio de una espantosa tormenta, y cuando llegaron estaban medio muertos de hambre. Les sorprendió ver sólo tres pequeñas tiendas y ningún rebaño de animales, aunque el jeque Hatim los recibió montado en su amado corcel *Duldul*. Los hombres del sultán vieron que el jeque no esperaba invitados, pese a lo cual los trató con gran hospitalidad. Viéndolos en tan lastimoso estado, Hatim anunció que prepararía un banquete.

»Después de ver los pelados pastos, aquellos hombres no salían de su asombro cuando más tarde les ofrecieron una carne deliciosa, previamente asada a la parrilla y convertida en sopas y otros sabrosos platos. Los hombres afirmaron que nunca los habían tratado tan bien.

»Los hombres del sultán sintieron vergüenza de su misión y contaron al jeque que habían sido enviados para poner a prueba su generosidad pidiéndole su semental. El jeque se quedó paralizado, como si le hubieran dado un golpe. La cara se le puso blanca como la cera y dijo: "Ay, amigos, ojalá lo hubierais dicho al principio. Vosotros no sabíais lo que pasaba. Yo no estaba en condiciones de recibir invitados, hace sólo dos días que estamos aquí. Hemos esperado a nuestra familia y nuestros rebaños pero una gran tormenta ha impedido que fuéramos a buscarlos. Al llegar vosotros, extenuados y hambrientos, me pregunté qué podía hacer. No tenía carne en mi tienda, y el carnero más próximo estaba a más de un día de viaje. ¿Dejaría de ser hospitalario? No podía permitir que nadie pasara hambre en mi tienda. Así que mi buen caballo, *Duldul*, ese incomparable corcel que conocía todos mis deseos y obedecía todas mis palabras... ¿Qué otra cosa podía hacer yo?" Con la cara anegada en lágrimas, el jeque añadió: "Id a decirle a vuestro incrédulo sultán que, al verme tan apurado, os he dado para cenar a mi bello y obediente *Duldul*, que yo mismo he guisado para vosotros."

Kareem miró sonriente a los más pequeños, que expresaban con ojos como platos su admiración.

—Bueno, hijos, habéis oído la historia de un verdadero árabe, el mejor de todos, un hombre cuya generosidad nadie pone en duda.

El cuento de Kareem nos elevó el ánimo, y el grupo se encaminó hacia las tiendas. Pero cuando Alí pasó por mi lado, su mirada arrogante volvió a irritarme. Cuando mi hermano me ofreció la mejilla para que le diera un beso de buenas noches, me puse rígida. Kareem me observaba. Sonreí y me puse de puntillas. Alí se acercó un poco más. Mis labios rozaron su mejilla antes de susurrarle al oído una de las maldiciones preferidas de los beduinos:

—Que todos los camellos de tu rebaño se queden cojos, Alí.

Mientras que Kareem me miraba con afecto, Alí lo hizo con perplejidad. Aún estaba deleitándose en su papel de adulto y sabio, y no comprendió la razón de mis desdeñosas palabras. Yo sonreí triunfante mientras iba hacia nuestra tienda.

Kareem había dado instrucciones precisas para la organización de nuestra tienda. Estaba dividida en cinco partes. Con cortinas de terciopelo a modo de tabiques, la habitación más grande era para recibir y comer, dos eran para dormir y otras dos hacían las veces de baño. Kareem y yo compartiríamos una alcoba y un baño, y nuestras hijas los otros.

En la habitación grande había sofás hechos a medida así como cojines de seda de color amarillo y beige. El suelo arenoso del desierto estaba cubierto por alfombras persas. Una tercera pared estaba ocupada por sillas de montar a camello decoradas con volantes de oro y plata que nuestros hombres utilizarían en sus salidas al desierto. Estandartes, espadas y una bandera saudí completaban la decoración.

Los acogedores dormitorios estaban provistos de un exquisito mobiliario. Nuestras camas tenían livianos doseles y las cubría una tela que protegería nuestros cuerpos del polvo y los insectos del desierto.

Mi doncella había sacado ya mi camisón. Después de lavarme la cara y cepillarme los dientes, me puse la camisa de dormir. Cuando me estiré en la cama, me sentí contenta y satisfecha.

Había sido uno de los días más agradables de mi vida. Me dormí al poco rato, y ni siquiera me enteré cuando Kareem entró en la habitación.

REMOLINOS DE ARENA

Los días siguientes fueron muy placenteros para toda la familia. Nuestros hombres montaron sus camellos y cazaron animales del desierto mientras nuestros hijos jugaban con sus primos. Las mujeres dimos largos paseos alrededor del campamento, admirando las vistas y compartiendo recuerdos felices de nuestra niñez.

El tercer día de nuestra estada, los maridos propusieron visitar el campamento de la tribu beduina cuyos hombres nos habían sobresaltado de tal manera. Las mujeres estábamos ansiosas por ir, pues no hay un solo árabe de ciudad que no sienta curiosidad por los beduinos. Todas excepto Dunia, claro está.

Mi hermana rechazó de plano la invitación afirmando que su frágil carácter no podría soportar la visión de un sucio campamento beduino, de modo que se quedó con las sirvientas y los niños.

La gente que no conoce Arabia cree que todos los árabes son beduinos; en realidad, los árabes de ciudad y los beduinos del desierto raramente han coexistido en paz, e incluso hoy hay entre ellos un conflicto generalizado. Los árabes de ciudad se mofan de los beduinos diciendo que son cortos de entendederas, mientras que éstos califican a aquéllos de pecadores e inmorales. En un pasado no muy lejano, el «salvaje beduino» se tapaba con tela las ventanas de la nariz cuando tenía que ir a la ciudad, a fin de no ser contaminado por los olores de su gente.

Sin embargo, los beduinos siempre reciben con calor a quien visita sus campamentos, aunque su hospitalidad suele ser breve.

Yo había visitado varios campamentos beduinos en mi juventud y ahora tenía interés por averiguar si los años habrían mejorado sus condiciones de vida. Recordé que los beduinos que había visto vivían apretujados en tiendas junto a sus propios desperdicios.

La vida de todo beduino está marcada por un elevado riesgo de mortalidad infantil. Los niños que sobreviven a la infancia corren por los campamentos sin calzar, sin escolarizar y sin lavar. ¡Y las mujeres! No pude pensar en ellas sin dar un respingo. Por supuesto, en Arabia Saudí la mujer es siempre considerada natural e irrevocablemente inferior al hombre, pero la vida para la mujer beduina es aún peor, pues carece de la riqueza necesaria para encontrar solaz a su ardua existencia. Las beduinas tienen que soportar duros trabajos físicos. Aparte de esperar a sus maridos y cuidar de los hijos, sus responsabilidades como nómadas pueden incluir la organización y desmontaje del campamento.

En eso iba yo pensando mientras viajábamos a sacudidas por el desierto. Afortunadamente, la distancia no superó los quince kilómetros. A lo lejos, pudimos ver el humo de una acampada.

Pero los beduinos habían visto el polvo de nuestros vehículos mucho antes de que nosotros viésemos su fogata. Más de veinte hombres habían montado en sus camellos y nos esperaban ya a poca distancia de la entrada de su poblado.

Un beduino en particular me llamó la atención; era un hombre robusto de mediana edad, facciones afiladas e impresionantes ojos negros. Con su larga capa ondeando a la espalda, tenía un aspecto regio al igual que su montura, una hembra joven y fuerte de camello. Su penetrante mirada de beduino se dirigió a nosotros con una indudable confianza en sí mismo. Sus labios no esbozaron ninguna sonrisa ante la llegada de los desconocidos, aunque a mí me resultó divertido ver que el camello sí parecía sonreír.

Con un contoneo digno, el hombre cabalgó entre nuestros vehículos como si nos inspeccionara. Sin necesidad de preguntar supe que era el jefe de la aldea. Los beduinos son orgullosos y no temen a ningún hombre, por más que sea de la familia real. Quería mostrarnos que el recibimiento dependía de que él diera su aprobación.

Cuando Ahmed sacó la cabeza por la ventanilla de su vehículo, el jefe, que dijo llamarse jeque Fahd, recompuso el gesto en una sonrisa de bienvenida. Con voz de trueno, nos saludó en la esperanza de que Alá nos bendijera. Luego, con un floreo de las manos, nos señaló el camino de su aldea.

A esta señal, los otros beduinos empezaron a gritar en señal de acogida. Mientras avanzábamos hacia el campamento ellos cabalgaron alegremente a nuestro lado.

Cuando el jeque Fahd anunció que tenía invitados especiales, el poblado beduino cobró vida al instante. Mujeres con velo y los brazos cargados de bebés, y muchos niños pequeños pobremente vestidos, salieron de la hilera de tiendas.

No bien puse el pie en el suelo, me chocó el fuerte aroma del aire. Mi nariz se arrugó ante la pestilencia de la sangre de animales sacrificados. Avancé con cautela, pues el suelo estaba salpicado de excrementos de animales. Esta aldea sólo la limpiaba la lluvia, y hacía mucho que no llovía.

Se me ocurrió que cada paso que daba era una paso hacia el ayer.

Más de diez mujeres vestidas con vistosos colores y cubiertas con el velo beduino vinieron hacia nosotros. Es costumbre entre las beduinas dejar los ojos al descubierto, mientras que la tradición árabe marca esconder toda la cara. Cuando las beduinas nos saludaron, todas sus energías estaban concentradas en sus oscuros e intensos ojos.

Nuestros esposos partieron con los hombres para tomar té en la tienda del jeque, mientras que nuestras hermanas y yo seguíamos a las mujeres del campamento. La más alta, que llevaba un vestido azul intenso recamado en hilo de oro y respondía al nombre de Faten, nos hizo saber que ella era la favorita de las cuatro esposas del jeque. Sus ojos brillaron de orgullo cuando nos condujo hacia su tienda privada.

Como prescribe el Corán, este beduino había dispuesto una tienda para cada una de sus esposas, del mismo modo que los árabes de ciudad construyen chalets o palacios para cada consorte.

Mientras nos hacía entrar, Faten dijo con solemnidad:

—Os doy la bienvenida a mi tienda, en calidad de esposa favorita del jeque Fahd.

Al cruzar la puerta de pelo de cabra, eché un vistazo sin disimular mi repugnancia. La tienda de Faten estaba en penumbras y mal ventilada, tal como recordaba de mi niñez. En mitad de la estancia había un hogar de café rodeado de montoncitos de ceniza de anteriores fuegos. Mi vista se perdió entre tanto color chillón: cojines azules, naranjas y rojos se amontonaban sobre los colchones, y por todas partes había colchas vistosas, cacharros de cocina, alimentos y ropa doblada.

Todo se veía sucio y la tienda estaba impregnada de un acre aroma a enfermedad. Lo más triste eran los niños. Varios bebés lloraban a moco tendido. Algunos, tímidos y mugrientos, asomaban detrás de las faldas de sus madres. Un niño de cuatro o cinco años y semblante desdichado usaba sus manos para arrastrarse por el suelo. Cuando una de las mujeres vio que me fijaba en aquel triste espectáculo, me informó que el niño se le había caído a su madre de un camello.

Intenté cogerlo en brazos pero él, presa del pánico, empezó a gritar.

Una de las mujeres, que supuse sería su madre, le pegó en las piernas hasta que el niño se fue a un rincón de la tienda y allí se quedó gimoteando.

Se me partió el corazón. A diferencia de los pueblos de otras culturas, los árabes, y en especial los beduinos, se preocupan muy poco de los lisiados. Mientras que un niño sano se considera un prestigio para la familia, un niño enfermo es toda una vergüenza. Era dudoso que ese niño llegara algún día a recibir atención médica. El muchacho seguramente viviría su corta vida lisiado, sin cariño y desnutrido.

Me entraron ganas de llevármelo conmigo, pero eso habría sido algo insólito en mi país. En casos de negligencia, los niños jamás son apartados de sus familias, sean cuales sean las circunstancias.

Una de las mujeres me dio un codazo y yo acepté el té que me ofrecía. La taza estaba incrustada de mugre de anteriores usos. Otra mujer, desgarradas las manos de haber montado muchas tiendas, me sirvió té caliente. No quedaba otro remedio que beber de la taza; de lo contrario, nuestra anfitriona se habría ofendido muchísimo.

Satisfecha de que sus invitadas estuvieran servidas, Faten se quitó el velo. Estaba orgullosa de mostrarnos que, en efecto, era guapa y joven; no tendría más de dieciocho o diecinueve años, casi la edad de Maha.

Las otras beduinas se despojaron también de sus velos. Se veían más viejas y marchitas que Faten. No era de extrañar que ella fuese la favorita del jeque, ya que aún no se había estropeado con repetidos partos ni años de vivir en el desierto.

Faten caminó con afectación mientras nos iba mostrando las baratijas que según explicó eran regalos del jeque. «Él ya no va a ver a sus otras esposas», dijo, con una sonrisa, señalando a tres de las presentes, que intercambiaron miradas irritadas, mientras mis hermanas y yo guardábamos un incómodo silencio.

Una de las mujeres mayores insistió en que nos quitásemos el velo, cosa que mis hermanas y yo hicimos.

Faten enmudeció de sorpresa al contemplar la hermosura de Sara. Evidentemente, estaba acostumbrada a ser la más popular de la aldea, pero ninguna mujer iguala el encanto de Sara. Si mi querida hermana viviese en un país donde las mujeres no estuvieran obligadas a cubrirse la cara, sería célebre por su majestuosa belleza.

Las otras mujeres se acercaron a Sara y empezaron a tocarle el rostro y el pelo. Una le dijo a Faten que si el jeque Fahd llegaba a ver a alguien como Sara, a buen seguro no volvería a visitar la cama de la primera. Las otras tres esposas del jeque se apresuraron a mostrar su refrendo.

Faten se puso muy celosa y empezó a dar órdenes. Su voz era demasiado alta y descortés y, como muestra de resistencia, las otras fingieron no entender lo que les estaba ordenando.

El intercambio de palabras fue tan duro y las miradas tan fieras, que temí estar a punto de presenciar un altercado entre aquellas insolentes mujeres. Aquel alarde de mala educación me hizo reflexionar sobre lo que habría sido mi propia vida si nuestros antepasados no hubiesen cambiado el desierto por la ciudad.

En la cultura de los beduinos, el estatus de la mujer depende exclusivamente de su juventud, belleza y capacidad de engendrar hijos varones. Una beduina de mi edad, que hubiera sufrido la pérdida de un pecho y la posibilidad de dar a luz, sería sin duda desechada por su marido. ¡Yo sería ahora la criada de una belleza inclemente como esa Faten!

Por primera vez en mucho tiempo, reconocí que los árabes saudíes están tomando pequeñas medidas encaminadas a mejorar la vida de las mujeres de su país. Por un momento me sentí a gusto en mi actual estatus.

Cuando Sara amenazó con ponerse de nuevo el velo si no la dejaban en paz, las mujeres clamaron que se quedarían quietas sólo por el placer de contemplar la más perfecta creación de Alá. ¡Faten no pudo soportarlo más! Fruncidos de rabia los labios, miró con fiereza a Sara y la imprecó:

—¡Maldita seas! ¡Que Alá te desfigure la cara!

Nos quedamos sin habla ante tan incivilizado comportamiento. Sara se levantó muy digna, dispuesta a marcharse.

Faten interpretó su gesto como un desafío. Desencajó el gesto e hinchó las aletas de la nariz. ¡Aquella beduina se abalanzaba sobre mi hermana con claras intenciones violentas!

Sara se llevó una mano a la garganta, muda de terror. Desde su primer y desdichado matrimonio, cuando Sara sufrió el maltrato de un marido despiadado, toda nuestra familia está siempre a punto para ofrecerle incondicional protección física.

Nura corrió hacia ella para hacerle de escudo, pero no fue tan rápida como yo. Me puse delante de Sara justo en el momento en que Faten alargaba la mano. Sentí un fuerte tirón en la cara. ¡Aquella loca me había retorcido la nariz!

Una vez oí decir a mi padre que «quien no le mete miedo a un beduino, pronto tiene miedo del beduino». Sin duda, aquella mujer sólo entendía la violencia.

Cuando Faten intentó retorcerme una vez más la nariz, lancé un grito y salté hacia ella. Hacía mucho que no me veía metida en un reyerta, pero los años que pasé de niña peleándome con Alí me enseñaron a moverme con rapidez. Soy demasiado menuda para resistir mucho tiempo a una mujer como Faten, así que la agarré rápidamente del cuello y la derribé. Tropecé con mi falda y caí encima de mi adversaria.

Las otras beduinas debían de odiar a Faten, pues ninguna hizo nada por ayudarla; en cambio, rieron y me vitorearon.

Una de ellas gritó:

—¡Adelante, princesa! ¡Arráncale los ojos!

—¡Retuércele el pescuezo!

Mis hermanas estaban histéricas de miedo pensando que Faten podía acabar con su hermana pequeña; sus gritos resonaron en la pequeña tienda beduina.

Faten cogió un puñado de arena del suelo y me lo arrojó a la cara. Cegada, le tiré del pelo hasta que sus manos arañaron el aire mientras imploraba la misericordia de Alá. Para asegurarme golpeé dos veces su cabeza contra el suelo y luego me puse de pie. Mientras me sacudía la falda, le espeté el peor insulto que se me ocurrió:

—¿Así es como das la bienvenida a tus invitadas?

Tradicionalmente los beduinos tratan a sus invitados con gran respeto. Incluso a un enemigo mortal se le conceden tres días de gracia, aun cuando haya salido de los límites de una tienda beduina.

La cara de Faten había enrojecido y ahora me miraba amenazadoramente. Pero ya no intentó abalanzarse sobre mí.

Las beduinas empezaron a reír como histéricas al ver derrotada a Faten. Nura y Tahani corrieron a ayudarme.

—¡Sultana! —gritó Tahani—. ¿Te ha hecho daño?

—No —sonreí. Cuando mis ojos encontraron los de Faten, compartiendo su odio visceral, proferí un último insulto—: Esta beduina pelea como una niña.

Nos pusimos rápidamente los velos y fuimos detrás de Sara y Haifa, que ya salían de la tienda.

Entretanto, los hombres habían oído el alboroto y salían de la tienda de Fahd, mirando en derredor desconcertados.

Mientras nos acercábamos a nuestros esposos y nos disponíamos a explicar lo ocurrido, un grito salvaje explotó a nuestras espaldas. ¿Qué estaría pasando ahora?, me pregunté. Al volverme vi un remolino de arena producido por los pies de Faten, que agarró dos puñados de arena y se lanzó sobre mí. Antes de que yo pudiera moverme, me había lanzado la arena a la cabeza, gritando:

—¡Que Alá haga caer sobre ti todos sus castigos!

Los hombres no entendieron nada. Estaban perplejos por el airado gesto de desprecio de Faten.

La sangre se me enfrió de golpe, pero aguanté en un digno silencio mientras me inclinaba para quitarme la arena de la cabeza y el velo. Lo mejor era dejar que Faten quedase como la mala.

Con gran satisfacción, una de las beduinas explicó al jeque Fahd que su nueva esposa había agredido físicamente a sus invitadas.

—¡Sultana! —exclamó Kareem—. ¿Te han hecho daño?

El jeque corrió tras Faten, que ahora ponía pies en polvorosa. Oímos gritar al beduino: «¡Mujer estúpida! ¡Has deshonrado mi campamento!»

Faten no se iba a salvar de unos cuantos azotes pero, me dije, he aquí una mujer que bien merece una paliza.

Nura instó a nuestros hombres a que nos sacaran de lo que, a todas luces, era un lugar primitivo e inquietante. Ellos obedecieron rápidamente.

Cuando todo el mundo hubo escuchado la historia completa, me vi convertida en una heroína. Sara es el miembro más querido de nuestra familia, e incluso Kareem comprendió que yo no había tenido más opción que defenderla.

Assad se puso muy nervioso al saber que una beduina enloquecida había atacado a su amada, y le dijo a Sara que me iba a comprar la joya más cara que encontrarse en Riad, en agradecimiento a mi gesta. Incluso Alí se mostró orgulloso de mí, e iba diciendo a todos que era él quien me había enseñado a pelear, cosa que hube de convenir en que era cierta.

Durante los días que siguieron, la historia de mi valiente enfrentamiento mantuvo a todo el grupo en un estado de excitación. Cuando el jeque Fahd ofreció sus disculpas en la forma de diez camellos de raza batiniyah, supimos que la conducta de Faten había sido fuente de gran vergüenza para el orgulloso jefe beduino. Los camellos batiniyah proceden de Omán y son considerados entre los mejores. Los diez camellos era de gran calidad, pues todos tenían la cabeza pequeña, la frente ancha, los ojos grandes, las narices pequeñas y las orejas largas. La riqueza de una tribu beduina se mide por la magnitud y calidad de su rebaño de camellos, y diez batiniyah cuestan mucho dinero.

Intuyendo que representaban lo mejor del rebaño de Fahd, Kareem no quería aceptar tan costoso regalo, pero no podía rehusarlo, pues eso habría ofendido al jeque. Así pues, los hermosos camellos se sumaron a nuestro grupo.

Después de aquel melodrama, intentamos disfrutar los días restantes de nuestro viaje con aventuras más tranquilas.

SEPULTADA EN VIDA

Varios días antes de nuestro regreso a Riad, Maha me despertó una mañana con brusquedad.

—Madre —chilló—, ven enseguida. Tío Alí se está muriendo.

Todavía medio dormida, pregunté:

—¿Qué dices?

—¡Una serpiente venenosa ha mordido a tío Alí!

—¡Alá! ¡No!

Mi doncella me esperaba con uno de mis vestidos de algodón, que me puso sobre la camisa de dormir. Me calcé unas sandalias de Kareem que estaban a la entrada de la tienda y corrí con Maha hacia la tienda de mi hermano.

Un gran número de sirvientes y empleados nuestros se había congregado frente a la tienda. Mientras Maha y yo nos abríamos paso, alcancé a oír voces nerviosas. Uno de los filipinos estaba diciendo:

—Se había alejado unos pasos del campamento cuando de repente una enorme serpiente le mordió la mano.

—Esos bichos vuelan como los pájaros —exclamó uno de nuestros empleados egipcios.

Un sudanés dijo:

—Ningún hombre puede sobrevivir a la mordedura de la *yaym*.

Al oírlo, gemí. ¡La *yaym*! ¡Si Alí no había muerto, poco le faltaba! El veneno de esa serpiente era más mortal que ningún otro veneno conocido. La *yaym*, de la familia de las cobras, es una de las tres especies venenosas que hay en Arabia, y las más rara. Como es muy difícil de encontrar, son pocos los que le han visto causar una muerte.

Aunque mi hermano me ha puesto las cosas muy fáciles para que le deteste, yo jamás he deseado su muerte. Pero siempre he deseado fervientemente que cambiara su manera de ser. Si Alí moría hoy, sin duda moriría como pecador. Esa idea me intranquilizó, pues sabía que el espíritu de mi madre se entristecería por ello.

Cuando levanté el faldón de entrada, recibí el impacto de lo que vi: Alí yacía inmóvil sobre un colchón puesto en el suelo, rodeado de sus esposas, que ya parecían velarle. Está muerto, pensé, al tiempo que lanzaba un grito.

Kareem acudió a mi lado:

—¡Sultana!

Me apoyé en el ancho torso de mi marido y rompí a llorar.

—Sultana, Alí ha preguntado por ti.

—¿Todavía está vivo? —pregunté asombrada.

—Lo está... pero tendrás que ser valiente. Parece que ha llegado su hora.

El episodio había provocado en nuestra familia un frenesí de actividad. Nura, Sara y Haifa estaban ocupadas cortando hojas de ramram. Una vez molidas, la sustancia se empleaba a modo de tisana. Los beduinos la utilizan corrientemente como antídoto para el veneno de las serpientes. Yo, empero, sabía que si Alá había decidido que éste debía ser el último día de Alí, nada iba a cambiar su sino.

Los musulmanes creen que el destino de cada persona viene determinado desde el principio de los tiempos, y que ningún mortal tiene la capacidad de cambiar los planes de Dios.

—¡Oh, Alá, sálvame! —gimió Alí—. Te lo ruego.

Kareem me llevó hasta mi hermano. Estuve a punto de derrumbarme cuando vi que sudaba copiosamente y que sus labios se habían vuelto azulados. Efectivamente, parecía que a mi hermano le quedaban pocos momentos de vida. Las esposas de Alí se apartaron para que yo pudiera arrodillarme a su lado.

—Alí —susurré—. Soy yo, tu hermana Sultana.

Al principio no hubo respuesta; Alí se afanaba por respirar. Le cogí las manos; estaban frías.

Él volvió la cabeza y abrió los ojos. Su expresión también era de profunda congoja.

—¿Sultana?

Ése iba a ser un momento emotivo. Seguramente, Alí se disponía a disculparse por sus actos. No podía morir sin primero reconocer y luego expresar su arrepentimiento por el daño que me había causado a mí y a otras mujeres.

Nura llegó a toda prisa.

—Toma —dijo con tono apremiante—. Alí, abre la boca y tómate esto. —Nura sostenía una taza con la infusión de ramram, que acercó a los labios de Alí.

Mientras mi hermano sorbía, Nura susurró palabras de consuelo diciéndole que tenía que esforzarse por vivir.

—Lo intentaré, Nura... —dijo Alí—. Lo intentaré.

También yo esperaba que Alí no se muriera. Pensé, entre otras cosas, que esta situación podía hacer de él un mejor padre y esposo.

Esperé a su vera. Al poco rato él me miró a los ojos.

—Sultana, ¿eres tú? —susurró.

—Sí, Alí.

—Sultana, voy a morir dentro de muy poco.

Suspiré no queriendo contradecirlo, por si Dios había dispuesto que hoy fuese el día de su muerte. Pero sus labios no estaban tan azulados como antes. El antídoto debía de estar surtiendo efecto.

Alí esperó a que yo dijese algo. Como yo guardaba silencio, habló otra vez.

—Sultana, puesto que voy camino de la tumba he pensado que quizá tengas algo importante que decirme.

Confusa, acerté a decir:

—Bueno, Alí, que Alá te colme de bendiciones.

—Oh. —Mi hermano me miró decepcionado.

¿Qué quería de mí? Alí volvió a hablar:

—Pensaba que querrías disculparte, Sultana.

Pillada por sorpresa, mi voz salió más aguda de lo que yo quería:

—¿Disculparme yo?

Mi respuesta pareció herirle, pero por el sonido de su voz deduje que estaba recuperando fuerzas.

—Sí —dijo—. Deberías disculparte por tu mala conducta. Me has atormentado toda la vida.

¡Vaya! ¡No sólo había recuperado las fuerzas sino también su arrogancia! Me chocó tanto su inesperada salida que balbuceé:

—¡Yo no tengo nada de que disculparme! Es más, ¡esperaba oír *tus* disculpas!

Alí me miró con dureza y luego susurró:

—Yo no he hecho daño a nadie. He sido un padre excelente, un buen marido, un hijo obediente y un hermano solidario. ¿De qué he de disculparme?

Me quedé mirándolo con una sensación de impotencia. ¿De veras creía lo que estaba diciendo? Concluí apresuradamente que Alí era incapaz de reconocer su propia maldad. Así de sencillo, mi hermano no tenía capacidad para pensar como un ser humano normal. ¡Alí creía de verdad que era yo la mala pecadora!

En ese instante, hube de contenerme para no insultarlo. Aunque sentía una rabia ciega, no quería verme acosada por el arrepentimiento. Y seguro que me habría arrepentido si mi hermano hubiese muerto escuchando mis insultos. Pero alguna palabra sí se me escapó. Recuperé la mano que tenía en la de él y le palmeé la cara, diciendo:

—Que Alá te conceda las dos bendiciones.

Alí sonrió.

—Gracias, Sultana. —Y, frunciendo ligeramente el entrecejo, añadió—: ¿Cuáles son esas bendiciones?

Yo sonreí a mi vez.

—Rezo para que Alá te dispense buena salud, pero sobre todo rezo para que te enseñe a reconocer tu propia maldad.

Él se quedó boquiabierto.

Me levanté sin esperar su respuesta. Por primera vez en mi vida, los pensamientos y la conducta de mi hermano ya no me tenían dominada. La cadena de odio que nos unía se había roto para siempre. Ya no odiaba a Alí, en realidad sentía por él un arranque de compasión.

Con otros miembros de la familia, esperé los acontecimientos en la tienda. Le vimos debatirse y gimotear, clamando por que le libraran de aquel dolor. Hubo momentos en que pensamos que se moría, y otros en que parecía recuperado.

Varios hombres acorralaron y cazaron a la serpiente que había mordido a Alí. El reptil en cuestión no era una *yaym*, como temíamos, sino una *hayyah*, o cerasta. La *hayyah* es también venenosa, pero no tan mortal como la terrible *yaym*. Se puede sobrevivir a la picadura de la *hayyah*, pero la experiencia es espantosa y agobiante. Todos se alegraron de que Alí, al que se había dado por muerto, fuera a sobrevivir.

Assad le comunicó la noticia y luego dijo:

—Gracias a Dios, Alí, que tus hermanas te prepararon el antídoto.

Era verdad, el antídoto había contribuido sin duda a disminuir los dolores y acelerar la recuperación de mi hermano. Pero, con fría indiferencia, Alí desdeñó los esfuerzos de sus hermanas.

—No, Assad —dijo—, simplemente no era mi hora. Recuerda el dicho: «Hasta que llegue mi día, nadie puede hacerme daño; cuando mi día llegue, nadie podrá salvarme.» —Alí sonrió—. Mis hermanas no han tenido nada que ver en este proceso.

Hasta las esposas de Alí se miraron incrédulas. No obstante, dadas las circunstancias, su familia fue lo bastante caritativa para no amonestarle.

Antes de abandonar su tienda, todos los presentes desfilamos ante la cama del paciente para desearle una rápida recuperación. Cuando llegó mi turno, él me miró con sorna.

—Ah, Sultana, yo sabía que Dios no se llevaría de este mundo a un hombre como yo dejando a una pecadora como tú para que disfrutes de su bondad.

Le sonreí tristemente. Y, aunque nos abrazamos, supe que a ojos de mi hermano seguíamos siendo enemigos.

Kareem y yo regresamos a nuestra tienda.

Mi marido durmió sin problemas toda la noche, pero yo no tuve un descanso tan apacible. Mi madre se me apareció en sueños que no acababan nunca, repitiendo siempre el mismo mensaje:

que mi vida terrena no estaba proporcionándome la felicidad que era posible alcanzar.

No desperté hasta que el sonido de las plegarias matutinas se coló en nuestra tienda.

Tan reales habían sido mis sueños que los años transcurridos entre la muerte de mi madre y el presente parecían haberse esfumado. Miré expectante alrededor, convencida de que allí estaría ella, en carne y hueso, esperando consolar a su hija pequeña con dulces palabras. Entonces recordé que mi madre había muerto hacía años. Yo tenía dieciséis cuando ella murió, así que llevaba ya veinticuatro largos años sin experimentar el abrazo de una madre. Eso me deprimió tanto que me vestí a toda prisa y salí de la tienda sin decir a nadie adónde me dirigía.

Con lágrimas de desesperación, me adentré sola en el desierto.

¿Qué era lo que mi madre quería de mí? ¿Cómo podía ser lo que ella deseaba? ¿En qué le había fallado? ¿Qué cambios podía hacer yo en mi vida? Estaba tan angustiada que ni siquiera reparé en que el cielo se aclaraba a medida que el sol hacía su aparición. Tampoco vi a Sara hasta que la tuve sentada a mi lado.

—Sultana. —Me tocó el brazo. La expresión de mis ojos pareció inquietarla—. Querida, ¿te encuentras bien?

Llorando, me arrojé a sus brazos.

—Cuéntamelo, Sultana. ¿Cuál es el problema?

Me atraganté con mis propios sollozos mientras le decía:

—Siempre he llevado la vida que he querido, Sara. Pero ahora sé que ha sido una vida inútil. Nuestra madre me lo ha dicho.

Sara me miró y luego dijo:

—Tu vida no ha sido inútil. Has protegido a tus hijos, has hecho feliz a Kareem, y has corrido grandes peligros para que el mundo conozca los apuros de nuestras mujeres.

—No es suficiente, no... —murmuré llorosa—. Mamá sigue diciendo que debería hacer más.

Sara guardó silencio. Al final, tras largos momentos de callada reflexión, dijo:

—Sultana, casi nadie hace lo suficiente. Es la conclusión a que he llegado.

La miré. ¿Acaso ella soñaba también con nuestra madre?

—¿A qué te refieres? —pregunté.

Suspiró antes de sacar un papel muy doblado del bolsillo de la chaqueta que llevaba encima del vestido.

Sus palabras sonaron pausadas y suaves:

—Es fácil ser cobarde en Arabia Saudí. Tenemos mucho que perder.

Sara parecía muy triste. Pero ¿de qué estaba hablando?

—Sultana, ahora me doy cuenta de que debería haber movido cielo y tierra para ayudar a Munira. Todas las hermanas juntas hubiésemos conseguido ayudarla a huir a otro país.

Me quedé de una pieza. ¿Le habría pasado algo a Munira? ¿Estaría muerta? Sara me pasó el papel.

—No lo supe hasta ayer por la noche. —Bajó la voz—. Estoy transida de remordimiento.

Desdoblé la página, que estaba escrita en una letra menuda y precisa. Sara me lo explicó:

—Hace unas semanas presté uno de mis libros a Munira. El día que vino a devolvérmelo yo estaba haciendo el equipaje para venir al desierto. Pensando que tal vez releería ese libro mientras estuviera aquí, lo puse con mis cosas. Anoche no podía dormir, así que abrí el libro y descubrí esto entre sus páginas. —Sus ojos estaban rojos y húmedos de lágrimas—. Lee que lo dice Munira.

Convencida de que era una especie de nota de suicidio, mis manos empezaron a temblar tanto que casi no pude fijar la vista en la página. Sara me ayudó a sostener el papel. Lo que Munira había escrito era un poema.

SEPULTADA VIVA

He vivido y sabido lo que es sonreír
He vivido como muchacha con esperanzadoras promesas
He vivido como muchacha que sintió el calor del sexo femenino
He vivido la sensación de desear el amor de un hombre bueno
He vivido como mujer que vio interrumpidas sus promesas
He vivido la vida de quien ve defraudados sus sueños
He vivido conociendo un gran miedo por cualquier hombre

He vivido los temores causados por el espectro de un mal matri-
[monio
He vivido para ver al diablo disfrazado de hombre y dictando
[todos mis actos
He vivido como mendiga de ese hombre, rogándole que me dejara
[en paz
He vivido para ser testigo del placer que le causa a mi esposo ser
[un hombre
He vivido para ser violada por el hombre a quien me entregaron
He vivido sólo para soportar embates nocturnos
He vivido para ser sepultada en vida
He vivido preguntándome por qué quienes decían amarme, ayu-
[daron a enterrarme
He vivido y soportado todas estas cosas, y aún no he cumplido los
[veinticinco.

Sara y yo guardamos silencio, agobiadas de dolor; no pudimos más que mirarnos la una a la otra.

Sin decir nada a Sara supe que, al margen de las circunstancias, yo debía hacer algo más para cambiar la vida de las mujeres que, como Munira, corrían peligro de ser enterradas antes de haber llegado a morir.

Regresamos al campamento, yo con la conciencia de que mi vida había cambiado para siempre. Volver atrás era imposible.

EL CÍRCULO DE SULTANA

Leí una vez que cada regalo que Alá concede a sus hijos va unido a un reto de iguales características. Yo creo que es verdad, pues jamás he sabido ni leído que ningún ser humano viva únicamente en la perfección y la felicidad. Mi carácter, desde luego, está lleno de imperfecciones, y debido a esos defectos he tenido que afrontar muchos sinsabores a lo largo de mi vida.

Aunque puedo afirmar que he sido muy afortunada, es cierto que he debido salvar muchos obstáculos. Al escoger a mis progenitores, Alá unió un padre cruel a una madre amantísima. Me dio unos años maravillosos al lado de esa madre, pero luego me la arrebató cuando yo aún era muy pequeña. Me concedió el estatus de princesa en un país monárquico, pero tan elevada condición de poco sirve en una cultura tradicionalmente hostil a las mujeres.

Desde hace años veo pasar mi vida ante mis ojos como si ya estuviera escrita. No me gusta lo que sé que va a pasar: mi riqueza se multiplicará, mis posesiones irán en aumento, pero mi felicidad decrecerá paulatinamente. Un desasosiego respecto a mi vida cotidiana me creó un problema con el alcohol que me condujo a una existencia disipada en la que derroché mis perspectivas de alcanzar la meta de mi vida: ayudar a las mujeres necesitadas. El hecho de que estos estorbos me los impusiera yo misma socavó mi sensación de dignidad. La Sultana de antaño, la que había soñado con un destino glorioso, se había convertido en una persona apática, desorientada e infeliz.

Milagrosamente, llegaba ahora al convencimiento de que mi pauta de vida debía cambiar: las apariciones de mi madre en sueños, el impacto del lastimero poema de Munira, incluso la escaramuza de mi hermano con la muerte; todo ello había contribuido a mi nueva forma de ver las cosas. Siempre creeré que Dios en persona orquestó estos sucesos con el propósito de propiciar la mágica metamorfosis que experimenté aquel día en el desierto. Para quien cree en el poder de Dios todopoderoso, no puede haber otra explicación.

Aunque desde ese instante mi vida se volvió aún más complicada, no diré que lo lamente. Si no hubiera tenido lugar esa dramática transición, sé que habría quedado presa para siempre de una inquieta infelicidad. Y, lo que es más, una joven paquistaní llamada Veena habría seguido viviendo en una atroz esclavitud sexual.

—Nunca más —le dije a Sara mientras volvíamos al campamento—. Nunca más me quedaré callada viendo cómo maltratan a una mujer.

Sara asintió. Ella me entendía.

En ese instante el hijo pequeño de Dunia, Shadi, salía de un vehículo y saludaba con entusiasmo a sus tíos y primos.

—Ha llegado Shadi —musitó Sara.

—Dunia estará contenta —repliqué con una sonrisa.

Shadi es un joven alto y fornido de unos veinte años, no particularmente atractivo. De todos modos, yo le conocía muy por encima, pues sólo nos veíamos en las grandes reuniones familiares.

Recordé vagamente que Dunia había mencionado que Shadi se reuniría con nosotros más adelante. Dunia había proclamado con orgullo que Shadi era su hijo más brillante y que su destreza para los negocios sobrepasaba con mucho la de cualquier hombre de la familia Al-Saud. De hecho, decía Dunia con presunción a todo el mundo, Shadi poseía diversas empresas mixtas en Pakistán y acababa de volver de un viaje a ese país al objeto de realizar nuevas inversiones.

Mis hermanas y yo no nos habíamos tomado a mal tan irreflexivas palabras, aunque eran un insulto para nuestros propios hijos.

En ese momento, Sara y yo no fuimos a saludar a Shadi pues ya estaba rodeado de sus tíos y sus impacientes primos varones. Decidimos darle la bienvenida más tarde e ir a nuestras tiendas.

No me extrañó ver a una joven vestida con ropa paquistaní en el asiento trasero del vehículo de Shadi; nuestros hombres suelen llevar a las sirvientas de un lado a otro. Supuse que la chica era una criada de Dunia y que se habría trasladado a nuestro campamento a solicitud de mi hermana.

Una vez en la tienda, mi doncella Libby me comunicó que Kareem, preocupado al ver nuestra cama vacía, la había enviado a buscarme. Después que Libby le asegurase que yo estaba en compañía de Sara, él se había llevado a nuestras hijas para un último paseo en camello por el desierto.

Aproveché este tiempo para deleitarme con un placentero baño. Bañarse en el desierto no era ningún problema, pues nuestros cuartos de baño estaban equipados con un lavabo, un pequeño bidet y una bañera grande. Durante el día, el sol del desierto calentaba el agua de unos grandes tanques situados junto a las tiendas.

Una vez Libby hubo llenado la bañera, me quedé un rato en remojo antes de intentar lavarme el pelo, sucio de arena. Después me preparé para lo que esperaba fuese un agradable día final en el desierto. Me puse un vestido de algodón largo hasta los tobillos y luego coloqué en el suelo alfombrado mi esterilla de rezar.

Después de arrodillarme hacia La Meca, recé a Dios para que no me desviara de la trayectoria de una conducta correcta. Mi corazón y mi mente experimentaron una sensación de paz, pues tenía la esperanza de encarar las tentaciones de la vida con renovada integridad. Por fortuna, en ese momento no tenía la menor idea de que estaba a punto de pasar por una dificilísima prueba.

Tras haber leído el poema de Munira, me sentía más deprimida que de costumbre. Necesitaba tiempo para recapacitar, así que cuando Kareem y mis hijas me invitaron a dar un corto paseo, me excusé. Y cuando mis hermanas me rogaron que fuera a jugar con ellas al backgammon, rehusé la invitación.

Pasé a solas el último día en el desierto, pero no por ello me sentí sola. Absorta en mis pensamientos, yo era una mujer que trataba de retomar el hilo de su vida. Mi fuerza interior había cobrado nuevas energías con la renovada determinación de cambiar el curso de mi vida.

La reunión familiar de aquella noche fue la más agradable de todas durante ese viaje, pues había un sentimiento compartido de que al día siguiente todos volveríamos a la rutina de nuestra vida urbana.

Cuando la velada terminó bajo un manto de estrellas, nos abrazamos unos a otros antes de encaminarnos a nuestras tiendas. Kareem y yo, y nuestras dos hijas, nos relajamos juntos al llegar a la nuestra. Estuvimos mirando fotos polaroid de nuestro viaje. Cuando Amani empezó a bostezar, decidimos que era momento de acostarse.

Yo estaba sonriendo cuando entré con Kareem en nuestra habitación. Ya me disponía a quitarme el vestido para ponerme un camisón cuando me sobresalté al oír unos gritos angustiosos.

—¿Qué ha sido eso? —pregunté.

Kareem inclinó la cabeza para escuchar mejor.

—Parecían gritos de mujer.

—¡Oh, Alá! Espero que nadie más haya sido mordido por una serpiente.

Los gritos eran cada vez más intensos. Kareem agarró una linterna y salió de la tienda.

Yo fui tras él.

Los gritos habían inquietado a Nura y Sara, que junto con sus maridos Ahmed y Assad se reunieron con nosotros.

Por entre el laberinto del espacioso campamento, vimos que algunos de nuestros empleados salían corriendo de sus tiendas para descubrir el motivo de la conmoción.

Los gritos habían menguado, pero seguimos su pista hasta una de las tiendas pequeñas, donde se alojaban nuestras sirvientas. Ahora apenas se oía nada. Dentro de la tienda no había luz, pero de pronto nuestos oídos estallaron con música de rock and roll a todo volumen.

Kareem murmuró aliviado:

—Habrán tenido alguna discusión.

Ahmed asintió y dijo:

—Y ahora lo disimulan poniendo música.

Yo no estaba tan segura.

—Ya que estamos aquí —propuse—, deberíamos comprobar que todo marcha bien.

Sara estuvo de acuerdo.

—Y decirles que bajen el volumen —añadió Ahmed con un deje de fastidio—. Están molestando a los demás.

Mientras nuestros maridos esperaban fuera, mis hermanas y yo entramos cautelosamente en la tienda. La música cesó al punto.

Esa tienda, donde se alojaban diez o más sirvientas, estaba dividida en varias secciones mediante lienzos de tela gruesa. Mientras yo separaba las colgaduras, enfoqué a las mujeres con la linterna de Kareem.

—¿Estáis bien?

Una de ellas dijo:

—No pasa nada, señora.

—¿Qué ha ocurrido?

—Aquí todo va bien —respondió otra.

Por la expresión de sus caras me di cuenta de que no habían estado durmiendo. Tenían que haber oído los gritos, igual que nosotros. Sin embargo, ninguna de las mujeres soltaba prenda.

—Están ocultando algo —dije a mis hermanas.

—¿Quién era la que gritaba? —exigió saber Nura cuando llegamos adonde estaba Libby.

Los ojos de mi doncella estaban húmedos de haber llorado, pero ella no había proferido los gritos que habíamos oído. Tras dudar un momento, me miró y susurró:

—Venga, señora, se lo mostraré.

Libby sabía moverse por la tienda y nos condujo hasta una de las divisiones.

—Es ahí, señora —susurró antes de volver a su cama.

Aquello era muy extraño. Nuestra curiosidad no hacía sino ir en aumento. Nura apartó la tela. Dirigí la linterna hacia dentro y lo que vi me dejó de una pieza: ¡dos hombres estaban atacando a una mujer y un tercero los miraba!

Sara gritó.

Uno de los hombres tenía tapada la boca de su víctima para amortiguar los gritos. Al vernos, se quedó paralizado. Le reconocí: era Taher, el hijo mediano de nuestra hermana Tahani.

Como si fuera a cámara lenta, el segundo hombre que estaba encima de la mujer desnuda se volvió hacia nosotras. Comprobé aterrorizada que se trataba de Rashed, uno de los hijos de Alí.

Miré hacia el que estaba en un rincón, que no era otro que Shadi, el hijo predilecto de Dunia. Su expresión fue de absoluta sorpresa. No esperaba aquella intromisión, menos aún tratándose de sus tías.

Nura gritó colérica:

—¿Qué pasa aquí?

—¡Kareem! —grité yo—. ¡Ven enseguida!

Comprendiendo que nuestros maridos estaban cerca, mis tres sobrinos trataron de escapar de allí, empujándonos a Nura y a mí y haciendo caer a Sara al suelo.

Yo golpeé a uno de ellos con la linterna, pero no pude parar su frenética retirada. Nura los persiguió.

—¡Kareem! —grité—. ¡Ayúdanos!

Nuestros maridos los apresaron cuando salían de la tienda. Entonces oímos los gritos. Otras sirvientas acudieron rápidamente a la zona que rodeaba la tienda. Al oír los gemidos de la mujer que había sido agredida, las mujeres corrieron a verla.

Me abrí paso para ver quién era la víctima. Era la misma joven que yo había visto en el vehículo de Shadi por la mañana.

—¡Nuestros sobrinos han violado a la doncella de Dunia! —grité.

Sara se puso a mi lado y empezó a consolar a la angustiada muchacha. La pobre chica había sido despojada de sus ropas. Estaba desnuda e indefensa. Su cara mostraba terror, y toda ella se convulsionaba. Era tan menuda que más parecía una niña que una mujer. No tendría más de quince o dieciséis años.

Libby entró en la habitación y empezó a calmarla:

—Veena, no llores más. Ya estás a salvo.

—Trae un cubo con agua y unas toallas —ordenó Sara—. Está malherida.

Reparé en la sangre que manaba de entre las piernas de la chica manchando la alfombra persa. Me costó dominar la furia que me provocaba aquella brutalidad. Sentí un gran impulso de agredir a los agresores, y salí de la tienda con esa intención.

Nuestros gritos y exclamaciones habían sacado de sus tiendas a todos los miembros del grupo. Las voces de mis hermanas, sus maridos e hijos, sumadas a las de la servidumbre, se mezclaban ahora en un alboroto generalizado.

Me gustó ver que Kareem tenía bien agarrado a Shadi por el brazo. Assad sujetaba a Taher con mala cara, y Ahmed había rodeado la cintura de Rashed con ambos brazos.

Nura trataba en vano de hacerse oír.

Alzando la voz todo lo que pude, yo también intenté explicar lo ocurrido.

—¡Han agredido a una mujer indefensa! —clamé una y otra vez.

Nadie pareció oír mi voz a excepción de Shadi. Nos miramos a los ojos. Su expresión fue tan desdeñosa que la furia me hizo considerar seriamente la posibilidad de agarrar un palo y pegar a mi sobrino.

La voz autoritaria de Ahmed acalló finalmente a todos.

—¡Silencio! —Tras mirar a cuantos le rodeaban, Ahmed dijo—: Que toda la familia se reúna en mi tienda. ¡Ahora mismo!

Kareem echó a andar tirando de Shadi. Yo fui detrás de ellos. Tahani se puso a mi lado.

—Sultana, ¿qué ha ocurrido?

Miré con tristeza a mi hermana. Tahani era una madre estupenda, y me constaba que había educado a sus hijos en el respeto hacia las mujeres. Tahani quedaría destrozada al enterarse de la participación de Taher. La abracé con fuerza pero sólo le dije:

—Pediremos una explicación a tu hijo, Tahani.

Ella bajó la vista, aterrada ante lo que podía tener que oír. Dunia, llorando lágrimas maternales, iba detrás de Shadi.

Alí estaba ya interrogando a su hijo Rashed. La sonora voz de mi hermano subió repentinamente al exclamar con irritación:

—¿Y nos han despertado por esta tontería?

Ahmed le reprendió:

—Alí, por favor, no hables de ese tema delante de nuestros empleados.

Miré hacia atrás. Nuestros sirvientes nos seguían curiosos a cierta distancia.

Cuando entramos en la tienda de Ahmed, el clamor volvió a repetirse al hablar todos a la vez.

Sólo después de que Kareem, gritando enojado, recordó a todo el mundo que Ahmed era el mayor de nuestra familia y, como tal, merecía ser escuchado, el vocerío cesó.

—Yo no sé qué ha pasado —dijo Ahmed—. Lo único que sé es que nos despertaron unos gritos que salían de la tienda de las mujeres. Cuando nuestras esposas fueron a investigar, oímos más griterío.

Con la mano libre, Ahmed señaló hacia Taher, Rashed y Shadi.

—Estos jóvenes salían de esa tienda, lugar que les está prohibido. Hemos oído gritos pidiendo que apresáramos a los intrusos. —Se encogió de hombros—. Y eso hemos hecho. ¿Cómo íbamos a saber que se trataba de nuestros propios sobrinos? —Señaló con un gesto de cabeza hacia donde se encontraba su mujer—. Nura tendrá que decir lo que ha pasado en esa tienda.

Nura me hizo señas de que me pusiera a su lado. Con lúgubre determinación, crucé lentamente la estancia y cogí a mi hermana del brazo. Alí me lanzó una mirada torva, pero yo hice caso omiso.

Nura trató de explicarlo:

—Sultana, Sara y yo hemos presenciado algo horrible. Estos jóvenes —señaló hacia los sobrinos— que tanto queremos estaban violando a una mujer. Lo vimos con nuestros propios ojos.

Miré a mis sobrinos con desprecio.

¡El hijo de Alí, Rashed, se estaba riendo! Shadi, el hijo de Dunia, parecía muy enojado. De los tres, sólo Taher se veía avergonzado. Su cara estaba roja y la barbilla le colgaba sobre el pecho.

Nura prosiguió:

—No sólo eso, sino que en sus prisas por huir ¡estos sobrinos nuestros empujaron a sus propias tías! La pobre Sara cayó al suelo.

Era la primera noticia que Assad tenía de ello. Sin dejar que yo pudiera decirle que Sara no había sufrido ningún daño, Assad apartó bruscamente a Taher y salió de la tienda para ir a ver a su esposa.

La pobre Tahani se echó a llorar. Dunia se derrumbó contra Haifa.

—¿A quién han violado? —preguntó Haifa.

—Yo no la conozco —dijo Nura.

—Se llama Veena. —dije—. Es una de las criadas de Dunia, creo.

Por primera vez, Shadi habló en defensa propia.

—Esta mujer no trabaja para mi madre —dijo lacónico—. Me pertenece a mí.

Dunia alzó los ojos.

—Shadi tiene razón. La mujer es suya.

Shadi suspiró ruidosamente.

—La compré cuando estuve en Pakistán. Puedo hacer con ella lo que me plazca.

Habiendo conocido a Alí y a sus hijos varones, yo sabía que algunos de mis sobrinos solían viajar a Tailandia, Filipinas, India y Pakistán con el fin de solazarse con prostitutas jóvenes. Pero era la primera vez que oía decir que uno de esos sobrinos compraba realmente a una mujer para traerla a nuestro reino como esclava sexual.

Cierto, esto no es extraordinario en Arabia Saudí, y yo sabía muy bien que bastantes de nuestros primos, como por ejemplo Faddel, habían convertido en hábito esa costumbre, pero ninguno de nuestros esposos o hijos había llegado a tanta degradación. Al menos hasta esa noche.

Miré a Shadi con el mayor desprecio posible. ¡Conque mi propio sobrino era de los que no se detenían ante nada por satisfacer su lujuria!

Al saber esto, nuestros esposos empezaron a mostrar cierta incomodidad. Kareem soltó a Shadi. Ahmed dejó de sujetar a Rashed por la cintura.

Comprendí lo que pensaban nuestros hombres. Que Taher, Rashed y Shadi entraran en la tienda de las mujeres, que les estaba estrictamente prohibida, y atacaran a una de nuestras sirvientas, era motivo para castigarlos. Pero después de saber que esa joven pertenecía a Shadi, la situación se veía de forma distinta, por más ofensiva que hubiera sido la agresión. A ojos de nuestros maridos, lo sucedido a Veena era una cuestión personal entre un hombre y su propiedad, no tenían ningún derecho a interferir.

Al ver mi cara de indignación, Ahmed dijo:

—Shadi, habéis hecho muy mal empujando a vuestras tías. Ahora mismo vais a disculparos los tres.

Shadi tenía los labios apretados de furia.

—Sí —dijo Dunia—. ¡Es increíble que un hijo mío empuje a una de mis hermanas!

Me volví hacia Dunia. A mi hermana le consolaba sin duda que nuestros hombres centraran el problema en los modales de su hijo, más que en su conducta delictiva.

—Pues claro que pido disculpas —dijo Shadi de mal humor.

Alí dio un codazo a su hijo.

—Sí, yo también —dijo Rashed forzando una sonrisa.

Aunque demasiado avergonzado para mirarnos a la cara, también Taher expresó sus disculpas. En ese momento entraron Sara y Assad en la tienda. Sara nos aseguró que estaba bien.

—Vamos, pedid disculpas otra vez —dijo Alí—. Tía Sara casi se lastima por culpa de vuestra bravata.

Los tres jóvenes se apresuraron a disculparse ante Sara. Ella hizo caso omiso, buscando entre los presentes hasta dar con mi cara.

—Veena ha perdido mucha sangre, Sultana —dijo—. Creo que necesita atención médica urgente.

Me llevé la mano a la boca, aterrada por la imagen que me venía a la cabeza. Shadi dijo:

—Ella es responsabilidad mía. Me la llevaré de vuelta a la ciudad.

Di un respingo. La esclavitud de Veena podía quedar implícitamente aprobada si nuestra familia permitía que Shadi se la llevara. Nunca volvería a hablarse de ello. La pobre Veena serviría de juguete sexual a Shadi y sus amigos mientras fuera joven y atractiva. Cuando se cansaran de ella, Veena se convertiría en una sirvienta más.

Yo no podía permitir que esa pobre chica siguiera en las garras de mi cruel sobrino. ¡Alguien tenía que asumir la causa de esa mujer indefensa! Y esa misión era para mí. ¡Tenía que salvar a Veena!

—¡No! —grité, alarmando a todo el mundo—. ¡Tú no te la llevas, Shadi! Kareem y yo la llevaremos a que la vea un médico.

La respuesta de Kareem me decepcionó:

—Sultana, esto no es asunto nuestro.

Pero el tono de mi voz silenció las protestas de Kareem.

—¡Claro que lo es! Me da igual cuánto dinero pagó Shadi por Veena. Ninguna mujer debería ser propiedad de un hombre y menos contra su voluntad, ¡para no hablar de que no tiene derecho a violarla y abusar de ella!

Miré a Sara antes de dirigir la vista hacia nuestros hombres.

—No volveré a quedarme cruzada de brazos mientras violan a una mujer. —Erguí los hombros—. Si Shadi intenta llevársela, ¡primero tendrá que matarme!

Sara dio un paso al frente y me agarró la mano:

—Shadi tendrá que matarme a mí también.

—¡Oh, Alá! ¡Ayúdanos! —gritó Dunia.

Nura me atrajo a su lado.

—Sultana y Sara tienen razón. No podemos permitir algo que clama contra el propio Alá.

Tahani y Haifa corrieron a abrazarme.

—Yo apoyo a mis hermanas —dijo Haifa.

Tahani estaba llorando mientras miraba a su hijo Taher.

—Nuestros hijos han cometido una vileza. Yo me sumo al círculo de Sultana.

Alí miró con fierza a nuestros maridos al tiempo que decía con desprecio:

—¿No sabéis dominar a vuestras mujeres?

Kareem pareció dolido, pero no dijo nada.

Ahmed, no sabiendo qué hacer, optó por no hacer nada.

Sólo Assad decidió hablar:

—Nuestras esposas tienen razón. No debemos respaldar un acto como ése. Si nuestros hijos necesitan compañía, hay muchas mujeres que estarían dispuestas a proporcionársela. No hay necesidad de que tomen a una mujer por la fuerza.

El cambio de situación no aplacó el genio de Shadi.

—¡Estáis interfiriendo en mis asuntos! —gritó—. Esta mujer me pertenece y nada podéis hacer para cambiarlo.

Dunia se puso en pie y corrió al lado de Shadi. Cogida del brazo con su hijo, nos miró a mis hermanas y a mí.

—Estáis en un error, hermanas. Nuestros hijos necesitan tener mujeres, por su propia salud. De lo contrario padecerían un exceso de fluidos corporales y esto conduciría a enfermedades graves.

Nura meneó la cabeza ante tamaña ignorancia.

—No digas tonterías, Dunia.

Pero ella insistió:

—Recordad que fue su propio padre quien vendió a esa joven. Cobró más dinero del que podría reunir en cinco años, si no más. ¡Para él fue un placer vender a su hija! ¡Un placer, insisto! Mi hijo no hizo nada malo.

Sentí tanto asco que no fui capaz de mirar a mi propia hermana.

—Dunia tiene razón —dijo Alí—. Sin mujeres a mano para acostarse, nuestros hijos enfermarán.

—¿Es que somos animales, Alí? —exclamó Assad.

¡Y entonces Alí trató de echarle las culpas a Dios!

—Assad —dijo—, fue Alá el Grande quien nos hizo así.

—¡Calla, Alí! —estalló Ahmed—. Hablas como si todos los hombres fuesen unos imbéciles sin carácter.

Alí enrojeció de ira, pero las contundentes palabras de Ahmed le hicieron callar.

Miré satisfecha a Sara y me encaminé hacia la puerta de la tienda. Había empezado una batalla entre hermanos, y yo sabía que si no me salía con la mía, la vida de otra mujer correría grave peligro.

Desafié a Shadi por última vez.

—Voy a ver a Veena. Si la quieres tanto como para matarme, entonces es toda tuya.

—Lo mismo digo —declaró Sara sin vacilar.

—Y yo —dijo Tahani.

—Yo también voy, Sultana —dijo Haifa.

La voz de Nura sonó clara y fuerte.

—Shadi, tus tías vamos a formar un círculo seguro para proteger a Veena. Te aconsejo que no trates de cruzarlo.

—El círculo de Sultana —dijo Tahani de repente.

Aparte de Dunia, todas mis hermanas salieron conmigo de la tienda.

Y aparte de Assad, que fue detrás de Sara, nuestros hombres se quedaron solos y desconcertados.

EPÍLOGO

La misma noche en que mis hermanas y yo decidimos formar un círculo protector alrededor de Veena, nuestros maridos resolvieron por fin apoyarnos. Veena fue transportada a una clínica privada de Riad para ser atendida de sus heridas internas. La pobre Veena había perdido mucha sangre durante las crueles embestidas. Y sólo tenía catorce años.

Más adelante, nuestras hermanas y yo pudimos conocer los detalles de su patética vida.

Había nacido en los barrios bajos de Lahore, en Pakistán. La familia vivía en una endeble choza construida con restos de madera, chapa de metal y cartones que los padres de la chica habían recogido en uno de los muchos vertederos de la ciudad. Su padre era zapatero remendón; su madre mendigaba. Llegó a tener nueve hermanos y casi nunca había comida suficiente para todos. Veena no recordaba un solo día en que hubiera comido hasta saciarse.

En Pakistán, como sucede en Arabia Saudí, la vida de la mujer no tiene ningún valor. Las familias pobres sacrifican con frecuencia a sus hijas por el bien de la mayoría.

Y eso es lo que pasó con Veena.

Veena había sido siempre una niña menuda y bonita, y cuando llegó a la pubertad su atractivo no pasó desapercibido para la gente de la calle y de su mísero barrio. Varias mujeres conocidas de la familia empezaron a contar historias de muchachas bonitas que habían sacado un alto precio en algún burdel para gente rica, siempre necesitado de chicas vírgenes. Puesto que la familia de Veena vivía en una sola habitación, la joven había tenido oportunidad de observar a sus padres haciendo el acto sexual; por tanto, sabía lo que esas mujeres querían decir. Pero comprendiendo que ella no tenía voz en su futuro, guardaba silencio.

Su belleza pronto llamó la atención de un hombre que paseaba por las calles de la ciudad observando a las jóvenes. Buscó a la madre de Veena y le dijo que suponiendo que su hija aún fuese virgen, la familia tenía la oportunidad de obtener una buena suma de dinero por la pureza de su hija. Temerosos de contraer el sida y otras enfermedades venéreas, muchos hombres acomodados buscaban chicas sin experiencia sexual. El hombre ofreció una pequeña suma a cuenta y prometió que, si conseguía vender a Veena a un hombre rico, volvería con más dinero. La madre de Veena corrió a ver a su marido para hablarle de la oferta del desconocido. Reunidos los tres adultos, fijaron un precio por la pobre Veena.

La joven recordaba que sus padres parecían tristes en el momento de la despedida, pero ella comprendió que el dinero que aportaba a la familia daría para que once personas vivieran holgadamente todo un año.

Veena pidió tiempo para despedirse de sus hermanos, pero el hombre le dijo que tenía otros negocios que cerrar y que si no se iba con él inmediatamente, cancelaría el negocio. Así pues, partió con el desconocido. A pesar del pánico que sentía, se esforzó por pensar en el bien que hacía a sus hermanas y hermanos pequeños.

Durante un mes, Veena estuvo con otras diez chicas en una casa de Lahore. Aprovechó la oportunidad de tomar baños con frecuencia y llevar ropa decente. Por primera vez en su vida le daban de comer lo suficiente. Veena pensó que le gustaría quedarse a vivir para siempre en aquella casa. Pero no iba a ser así, pues varios hombres ricos, en su mayoría extranjeros, visitaban la casa regularmente para examinar las existencias de chicas jóvenes. Todas ellas deseaban ser compradas por un hombre viejo, pues sus requerimientos sexuales serían menores que los de un hombre joven.

Una a una, las demás chicas fueron compradas. Veena veía apesadumbrada que algunas de las no escogidas eran llevadas a los burdeles de la ciudad. Por ello se alegró mucho cuando le dijeron que había sido comprada para el placer de un solo hombre, un hombre rico de Oriente Medio que respondía al nombre de Shadi.

Veena no le había visto nunca, pues Shadi la había escogido a través de un álbum fotográfico. Shadi se alojaba en casa de uno de sus socios paquistaníes y no había querido que ese hombre supiera que él había comprado una virgen estando en ese país. Por fin, Veena conoció personalmente a Shadi varios días antes de partir de Lahore. El vendedor de chicas la llevó a una cafetería a fin de que Shadi diese su definitivo visto bueno a la compra. El encuentro fue tan fugaz que ella no llegó a intercambiar palabra con su nuevo dueño. Le desilusionó, no obstante, que fuese joven y fuerte. Recordó lo que habían dicho las otras chicas sobre las apetencias sexuales de los jóvenes, y se asustó mucho. Pero no podía elegir su futuro. Y pronto llegó el día en que debía abandonar para siempre su país. En el vuelo desde Pakistán, los criados de Shadi viajaron con Veena, mientras que el amo lo hizo en primera clase.

Dos horas después de aterrizar en Riad, Shadi puso rumbo al desierto para visitar a sus padres y otros familiares. Con él se llevaba a Veena y algunas sirvientas. Veena aseguró que durante el viaje Shadi no le dirigió una sola vez la palabra, aunque vio que la miraba varias veces.

Después de esperar a que su familia se acostase, Shadi se acercó a Veena con sus dos primos y les dijo: «Ésta es la putilla que compré en Pakistán.» Aunque Veena se había preparado para hacer el amor con un hombre al que no conocía, jamás había imaginado que su primera experiencia sexual consistiría en una agresión brutal por parte de tres desconocidos. Tras ser despojada rudamente de sus ropas, Shadi la había violado el primero.

Veena lloró al declarar que jamás había sufrido tanto dolor. Al fin y al cabo, su madre nunca gritaba cuando lo hacía con su padre. Veena no tenía idea de que el órgano sexual de un hombre fuese tan grande, ni que pudiera doler tanto. Al llorar implorando que la dejaran, los tres hombres rieron y le taparon la boca. Cuando el tercer hombre la montó, Veena creyó que no iba a sobrevivir. Y entonces, milagrosamente, alguien acudió en su ayuda.

Pero ¿qué iba a ser de ella?

Aunque mis hermanas y yo deseábamos devolverla a sus padres, comprendíamos que la pobreza de aquella familia podía impulsarlos a venderla de nuevo.

Yo fui la escogida para decir a Veena que habíamos decidido que viviría en casa de Sara para ayudar a mi hermana en el cuidado de sus hijos más pequeños. Mis hermanas y yo sabíamos que nadie se atrevería a tomar ninguna medida contra Sara, pues es la hermana más querida de todos.

La alegría que mostró Veena al conocer la noticia justificó por sí sola todos los momentos de rabia y peligro que yo había pasado para liberarla.

Con todo, la historia de Veena nos destrozó el corazón, pues sabíamos perfectamente que historias como la suya había a millares. Estuvimos varias horas hablando de lo que podíamos hacer para frenar los abusos que se cometían contra mujeres y chicas inocentes.

Fue en esa época cuando el mundo se conmocionó al conocer la muerte de la encantadora princesa de Gales, Diana. La muerte de lady Di desvió temporalmente nuestra atención del caso de Veena. Varias de nosotras habíamos conocido a aquella extraordinaria mujer durante los años en que ella había viajado por el mundo como princesa real. Aunque ninguna podía afirmar que hubiera sido muy amiga de Diana, todas la admirábamos. Y ahora no concebíamos que una mujer tan vibrante y tan joven estuviera en la tumba.

En los días previos a su funeral, viendo los programas que sobre su vida emitía la televisión, me enteré de muchas cosas que no sabía de ella. Al parecer, no había persona suficientemente pobre o enferma que no llamara la atención de la princesa Diana, quien además seguía siempre con gran interés todas las iniciativas en que participaba. Con su inmensa bondad, Diana demostró que una sola persona puede hacer mucho. Cada vez que Diana hacía un gesto de bondad, su efecto se esparcía alrededor como los círculos concéntricos que produce una piedra lanzada al agua.

Esa idea caló tan hondo en mí que al final me pareció vislumbrar lo que podía hacer por las mujeres.

Reuní a mis hermanas.

—Acabo de caer en la cuenta de que la única manera de ayudar a las mujeres es hacer lo que hemos hecho con Veena —dije—. Cada vez que una de nosotras sepa de alguna mujer maltratada, actuaremos juntas para ayudarla. —Hice una pausa—. Crearemos un círculo de apoyo.

—Sí, nos conocerán como el círculo de Sultana —sonrió Tahani.

Haifa se mostró entusiasmada:

—La unión nos dará la fuerza.

Sara asintió con la cabeza.

—Tengo amigas de confianza. Ellas también pueden empezar a buscar mujeres con problemas.

Nura me apretó la mano.

—Tu círculo beneficiará a muchas mujeres.

Jamás me he sentido tan satisfecha con mi vida. Siguiendo el ejemplo de la princesa Diana, sé que esta preocupación se extenderá de madres a hijas siguiendo la cadena de la vida, incluso proyectándose hacia siglos venideros.

Mi esperanza es que, al final, todas las mujeres vengan a engrosar mi círculo, que todas las mujeres del mundo echen una mano a cualquier otra mujer que lo necesite.

Y rezo al bueno y misericordioso Alá para que bendiga nuestra misión.

ÍNDICE